LES CONSERVES
à la Maison

LES CONSERVES
à la Maison

I

CE QU'IL FAUT CONNAITRE POUR RÉUSSIR
CHAMPIGNONS ET CONDIMENTS

PAR

MME RENEE RAYMOND

Illustré de 32 Planches
de 79 Photographies démonstratives

PARIS

LIBRAIRIE HACHETTE ET Cie
79, BOULEVARD SAINT-GERMAIN, 79

1913

LES CONSERVES
A LA MAISON

Manuels essentiellement pratiques, destinés aux Maîtresses de maison, Professeurs et élèves des Écoles ménagères et agricoles, etc., Propriétaires, Cultivateurs, Éleveurs, Industriels, etc. Abondamment illustrés par la photographie démonstrative et cinématographique, ils donnent les meilleures et les plus économiques recettes pour la préparation, pour les besoins de la famille ou pour la vente de tous les Produits du sol et de l'élevage, utilisant les excédents des récoltes ou transformant fruits, légumes, volailles, préparés dans ce but.

Vol.   I. — Ce qu'il faut connaître pour réussir. — Champignons et Condiments.

Vol.   II. — Les légumes.

Vol.   III. — Les Fruits.

Vol.   IV. — Confitures, gelées et marmelades.

Vol.   V. — Jus de fruits et sirops.

Vol.   VI. — Viandes, œufs, volailles et gibiers.

Vol. VII. — Fruits confits glacés et pâtes de fruits.

Vol. VIII. — Fruits et légumes de garde (Conservation à l'état frais.)

Vol. IX. — Séchage des fruits et des légumes (Pruneaux fruits secs, légumes, etc.).

O   O   O

INTRODUCTION

Pendant les mois d'intense production, les Légumes, les Fruits, les Œufs et les Volailles abondent au potager, au verger, à la basse-cour. Lorsque la chasse est fructueuse, la cuisine regorge de Perdreaux, Faisans, Lièvres et Lapins. Trop souvent beaucoup de ces Denrées, légumes et fruits surtout, restent inutilisées ; et si vous songez à les vendre, vous y renoncez vite, tant les cours sont bas.

A ces périodes d'abondance, succèdent fréquemment les périodes de disette ; or il ne tient qu'à vous de constituer, avec ces excédents de production, des réserves de Denrées de tout premier choix, en apprenant à les conserver.

La préparation des Conserves alimentaires, autrefois considérée comme particulièrement aléatoire dans les ménages, est cependant à la portée de toute maîtresse de maison soucieuse de ses intérêts et du bien-être des siens, grâce au matériel très simple que l'industrie met à sa disposition. Il l'est à ce point, que beaucoup de propriétaires ruraux font de la préparation des Conserves un complément de leur exploitation. Au lieu de vendre à vil prix, pendant les périodes de mévente, les Denrées qu'ils produisent, ils les transforment en Conserves. A leur tour, des restaurateurs, des marchands de comestibles, etc., soucieux de satisfaire leur clientèle, préparent également des Conserves pour la vente avec les produits qu'ils achètent dans ce but au meilleur moment. Cela nous montrerait l'exten-

sion prise par cette transformation des produits périssables, s'il en était besoin.

*
* *

C'est pour vous aider dans cette tâche, Madame, que nous avons voulu mettre entre vos mains un Manuel, avant tout pratique, vous donnant des Recettes simples, variées, surtout expérimentées et controlées ; en vous les exposant ainsi d'une façon très détaillée, sans omettre aucun des « tours de main » qui permettent à quiconque de réussir sûrement.

Nous avons pour cela divisé ce Manuel en plusieurs volumes traitant le premier des Connaissances spéciales qu'il est utile de posséder, puis, des Conserves de Champignons, Condiments et Hors-d'œuvre. Le second des Conserves de Légumes, le troisième des Conserves de fruits au sirop. A ces trois premiers volumes succèderont ceux sur les Conserves de Viandes, de Gibiers, de Poissons ; la préparation des Confitures, des Fruits confits, des Sirops, etc.

Vous en apprécierez certainement l'utilité, en présence du coût sans cesse croissant de la vie, par la faculté qu'ils vous donneront de préparer très économiquement des produits sains et de tout premier choix.

*
* *

Ce premier volume est divisé en trois parties, la première vous indique le matériel qui vous est nécessaire, et tout ce qu'il faut connaître pour réussir. La seconde vous donne les recettes de préparation de Champignons exquis, tandis que le troisième groupe celle des Légumes et des Fruits confits au vinaigre, base des hors-d'œuvre appétissants et de savoureux condiments.

Une abondante illustration en quelque sorte cinémato-

(VI)

graphique est destinée à parler aux yeux et à graver dans votre mémoire les démonstrations à retenir.

Nous voulons souhaiter qu'en mettant nos conseils en pratique, vous contribuerez à assurer le bien-être des vôtres ; et que, par extension, vous trouverez aussi la possibilité de vous créer de nouvelles sources de profits par la meilleure utilisation des produits de votre jardin.

Avril 1913.

Renée RAYMOND.

LES
CONSERVES A LA MAISON

PREMIÈRE PARTIE
CE QU'IL FAUT CONNAITRE POUR RÉUSSIR

CHAPITRE I

PRÉPAREZ LES CONSERVES
A LA MAISON

I. Réussite a la portée de tous. || II. Pourquoi confectionner des Conserves. || III. Avantages des conserves. || IV. Développement que les conserves sont appelées a prendre. || V. Les Conserves que vous pouvez faire. || VI. La méthode Appert seule rationnelle. || VII. Comment assurer la stérilisation.

De tous les produits alimentaires conservés, les légumes sont un des plus utilisés, et constituent l'hiver une précieuse ressource pour la maîtresse de maison soucieuse de varier la composition du menu quotidien.

Une sage prévoyance voudrait, en effet, que l'on mît en réserve pour l'hiver, une partie des produits saisonniers

LES CONSERVES A LA MAISON

que le jardin fournit abondamment du Printemps à
l'Automne. En pleine saison, le Potager procure généralement, par périodes, des excédents qui sont perdus parce
qu'on ne sait comment les employer. Quoi de plus
logique, en conséquence, que de mettre ceux-ci en conserves ; même de prélever sur les récoltes les quantités
nécessaires pour les Conserves, ou encore d'établir des
cultures supplémentaires dans ce but.

I. — RÉUSSITE A LA PORTÉE DE TOUS.

Légumes savoureux du Potager, légumes frais que les
marchés fournissent en quantité lors de la belle saison,
peuvent donc être conservés pour l'hiver.

C'est une erreur de croire que la conservation des produits est seulement pratiquée avec succès par les industriels. La vérité est toute dans ces quelques lignes : si peu
de maîtresses de maison préparent ou font préparer des
provisions d'hiver, c'est uniquement parce qu'elles n'ont
pas toujours réussi leurs premiers essais, ou encore parce
que la méthode de confection, les conseils, le matériel
leur apparaissent comme dispendieux, hérissés de difficultés connues seulement de rares « favorisées ». Ces
erreurs sont bien souvent entretenues à dessein, par les
cuisinières qu'un surcroît de travail ne tente nullement et
qui voilent ainsi leur peu d'initiative ; d'autres au contraire en font un monde et se couvrent de gloire, alors que
la préparation des Conserves ne procure pas de tels ennuis.

Persuadez-vous bien, Madame, que rien n'est plus facile
que de *faire et surtout de réussir parfaitement les Conserves à la maison ;* la domestique la moins éclairée,
pourvu qu'elle soit minutieuse, propre et attentive au
travail qu'elle exécute, peut, avec un système sûr de bou-

chage, préparer les meilleures Conserves en suivant les conseils de ce livre et en mettant en pratique ses recettes *toutes expérimentées*.

Cependant, ces appréhensions sont justifiées si vous utilisez les flacons dont la fermeture à l'aide de bouchons de liège ficelés, cachetés à la cire après la stérilisation, n'est pas toujours suffisamment hermétique et réserve des surprises désagréables, ou bien lorsque vous choisissez les boîtes en métal nécessitant l'intervention du ferblantier pour en effectuer les soudures.

L'utilisation des flacons en verre, pour lesquels on peut procéder à un bouchage simple et facile à l'aide de couvercles métalliques sans avoir recours à des dispositifs compliqués ou à un outillage spécial, est tout indiquée et simplifie cette besogne qui demande alors la moitié moins de temps qu'autrefois, avec l'avantage de la sécurité absolue.

A mon sens, c'est conseiller de l'économie à rebours, que de préconiser, afin d'éviter les achats des bocaux à fermetures spéciales, l'emploi des bouteilles ; celles-ci ne conviennent que pour un petit nombre de légumes ; la manutention s'en trouve allongée et les résultats restent problématiques.

II. — POURQUOI CONFECTIONNER DES CONSERVES.

Il suffit de vous rappeler la place que tiennent les Conserves dans l'alimentation pour répondre à la question que ce titre semble poser. C'est une nécessité dans tous les ménages et la cherté des aliments les impose à toutes les maîtresses de maison qui ne considèrent pas les questions budgétaires comme superflues. Ce besoin est si évident, que les préparations qui n'ont pas été faites sont achetées.

LES CONSERVES A LA MAISON

Mais une raison supérieure domine celle-ci : Jeunes maîtresses de maison, maîtresses de maison expérimentées, rappelez-vous que les Conserves préparées chez vous constituent des aliments sains, pouvant sans crainte être comparées avec les meilleures marques du commerce.

D'une part, comme vous demandez aux Conserves du commerce d'avoir de l'aspect : aux Haricots et aux Petits Pois d'être aussi verts qu'au jardin ; aux Champignons d'être d'une blancheur nacrée, etc., cela ne peut être réalisé par les industriels qu'en ajoutant des produits chimiques qui, pour n'être pas toujours nocifs, ne sont pas absolument hygiéniques. Et ces produits, vous ne penserez jamais à les faire ajouter aux Conserves préparées par vos soins.

D'autre part, les Conserves faites chez vous sont plus économiques, ou tout au moins toujours plus avantageuses. Vous obtenez dans ce dernier cas, *à dépenses égales* un produit fin, alors que celui du commerce est d'un choix plus que moyen. A plus forte raison, elles sont plus économiques et plus fines, lorsque vous utilisez dans l'état de fraîcheur le plus parfait les légumes de votre jardin. Car là aussi, je veux détruire une opinion plutôt accréditée que réelle : les légumes que vous produisez sont toujours d'un prix de revient moins élevé que ceux que vous achetez, lorsque vos cultures sont normalement organisées et conduites.

Et s'il vous restait le moindre doute quant à la réussite, il ne saurait persister longtemps, les nouveaux systèmes de bouchage créés et mis au commerce depuis quelque dix ans donnant toutes les garanties possibles.

PRÉPAREZ LES CONSERVES À LA MAISON

III. — AVANTAGES DES CONSERVES.

Ainsi donc, il y a avantage hygiénique et avantage économique à constituer des provisions de Conserves faites à la maison avec les légumes produits et ceux achetés.

Ces avantages sont : 1° facilité de varier les menus quotidiens quelle que soit la saison puisque les provisions ont une conservation indéfinie ;

2° Alimentation saine assurée par la fraîcheur des produits employés ;

3° Préparation naturelle inoffensive sans aucune addition de produits chimiques ;

4° Dépense minime lorsque les légumes sont produits au jardin, ou lorsque vous pouvez les acheter très bon marché, le temps de préparation qu'elles demandent étant pris parmi les travaux ménagers sans exiger des dépenses supplémentaires. Enfin vous constituez des provisions variées à votre portée, ce qui est appréciable si vous n'êtes pas à proximité des centres d'approvisionnement.

IV. — DÉVELOPPEMENT QUE LES CONSERVES
SONT APPELÉES A PRENDRE.

En Suisse et en Allemagne nombreux sont les ménages où s'élaborent les préparations d'hiver. Ces provisions, moins largement exécutées en France, semblaient plutôt, il y a dix ans, tenir du domaine industriel que ménager. Depuis que les nouveaux systèmes ont simplifié et augmenté les chances de succès, tout est transformé et actuellement un mouvement se dessine en leur faveur. Si leur emploi ne s'est pas généralisé encore, il s'achemine vivement et se démocratise. Tout récemment, la création d'écoles ménagères comprenant dans leurs programmes les préparations des denrées, indique assez la place qu'elles prendront dans les différentes classes de la société. Déjà de grandes maisons de comestibles, des restaurants réputés ont compris tout l'intérêt qu'ils pouvaient retirer en fabriquant eux-mêmes leurs Conserves ; et le bénéfice ne les guide pas seulement, leur but se complète de cette idée : avoir pour les mêmes prix des produits plus beaux. C'est vraisemblablement un coup porté aux vieilles recettes de campagne, car peu à peu ces idées neuves remplaceront les Conserves au sel et les recettes plus primitives.

V. — LES CONSERVES QUE VOUS POUVEZ FAIRE.

La majorité des légumes se prête aux préparations en Conserves. Toutefois, dans les villes, en raison des facilités d'approvisionnement, il est moins intéressant qu'à la campagne de conserver ceux que l'on peut avoir frais en hiver, tels : les Laitues, les Chicorées, les Choux-fleurs, les Épinards, par exemple, et ceux qui ne gardent pas leurs qualités, comme les Romaines. Parmi les légumes à conserver, les Asperges en branches et les Pointes vertes, les Petits Pois, les Haricots verts, les Haricots flageolets, les Haricots Soissons, la Macédoine composée par parties égales de : Carottes, Navets, Petits Pois, Haricots verts, Haricots flageolets ; les Artichauts, les Céleris en branches, les Céleris-Raves, l'Oseille, les Salsifis, les Cardons, la sauce tomate qu'il est avantageux de préparer largement ; puis l'Endive, les fonds d'Artichauts, les petites Carottes, les Navets, les Tomates entières, les Champignons, les Morilles, les Cèpes, les Truffes, les Chanterelles et les Craterelles.

PRÉPAREZ LES CONSERVES A LA MAISON

VI. — LA MÉTHODE APPERT SEULE RATIONNELLE.

Nous vous rappelons qu'il existe plusieurs modes de conservation susceptibles de donner de bons résultats : la dessiccation, méthode surtout industrielle actuellement, les vapeurs soufrées, le sel ou l'eau salée, la stérilisation ou pasteurisation en vases clos (méthode Appert). Ce dernier procédé, mis en œuvre pour la préparation des Conserves ménagères et industrielles, est celui qui donne les meilleurs résultats, il garde aux légumes leur saveur et leur goût naturels.

Cette méthode n'est pas récente ; mais elle s'est lentement vulgarisée. En 1804, Appert écrivait : « A l'aide de ce procédé vous pourrez avec sécurité transporter dans votre cave tout ce que produit votre jardin soit au printemps, soit l'été, soit l'automne ; et après plusieurs années vous trouverez ces substances végétales aussi bonnes, aussi salubres que-lorsque vous venez de les cueillir, et par une sage prévoyance vous pourrez ainsi vous garantir de la disette. » Nous ne pouvons que confirmer en 1913 la justesse de ce dire.

Le procédé Appert consiste d'abord à enfermer le produit à conserver dans des vases, bocaux ou flacons en verre ou boîtes en métal, ensuite à boucher ceux-ci hermétiquement et à les stériliser. Stériliser a pour but de détruire les microbes et les mauvais ferments, afin d'empêcher la putréfaction. La vitalité de ceux-ci varie avec leur nature ; et M. Lavoine[1] nous apprend « que la température mortelle pour les microbes varie avec les espèces, le développement de l'individu, avec la réaction

1. L. Lavoine. *Les Conserves alimentaires* (Encyclopédie des connaissances agricoles), Hachette et C\ie.

LES CONSERVES A LA MAISON

du milieu, le mode de chauffage et la durée ». Il ajoute que « d'une façon générale les moisissures (champignons microscopiques) sont moins résistantes que les bactéries ».

« Les microbes résistent plus longtemps à la chaleur sèche qu'à la chaleur humide. Ils sont plus rapidement tués dans l'eau ou la vapeur d'eau que dans l'air sec ou humide. »

VII. — COMMENT ASSURER LA STÉRILISATION.

Je vous indique, dans les chapitres suivants, le matériel nécessaire pour assurer la réussite des Conserves que vous voudrez faire. Mais je tiens à vous rappeler les modes de stérilisation : 1° *à l'air libre* à 100 degrés, 2° par la *tyndallisation* à 100 degrés et *au-dessous* de 100 degrés (à partir de 65 degrés pour le lait) ; 3° *sous pression* à une température supérieure à 100 degrés.

La stérilisation à 100 degrés s'obtient en soumettant les vases contenant les produits à la température de l'eau bouillante dans un bain-marie. Cette ébullition doit, en principe, être continue pendant une heure pour les flacons d'un demi-litre ; une heure et demie pour ceux d'un litre, cette durée étant d'ailleurs modifiable avec le genre et la nature des Conserves et le système de bouchage, ainsi que nous vous le préciserons pour chacune d'elles.

Cette stérilisation à 100 degrés, quoique efficace, est parfois insuffisante pour quelques produits, notamment lorsque les Conserves contiennent des spores résistantes qui ne sont pas toujours détruites.

Les chauffages répétés, d'après Duclaux, atténuent progressivement la vitalité des microbes qu'ils tuent ainsi. L'application de ce principe se nomme *tyndallisation*. Pratiquement, ce procédé consiste à effectuer trois chauf-

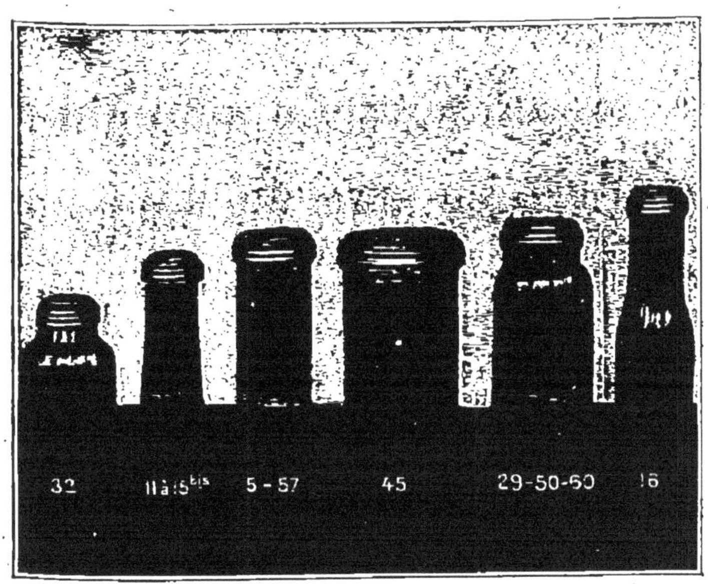

FIG. 1. — MODÈLES DE FLACONS DU BOUCHAGE PNEUMATIQUE LES PLUS USITÉS.

Les numéros sont ceux sous lesquels sont connus ces flacons dans le commerce. Nos : 32, pour Petits Pois. 11 à 15, pour Truffes. 5 et 57, pour Asperges, Fonds d'Artichauts. 45, pour Asperges. 29, 50 et 60, pour Petits Pois, Haricots Verts. 16, pour Choux de Bruxelles.

FIG. 2. — FLACONS ET BOÎTES EN MÉTAL DU BOUCHAGE HERMÉTIQUE ÉCLAIR.

Ces formes sont les plus couramment employées : les verres pour les Conserves de légumes et de fruits ; les boîtes en métal pour les Conserves de légumes.

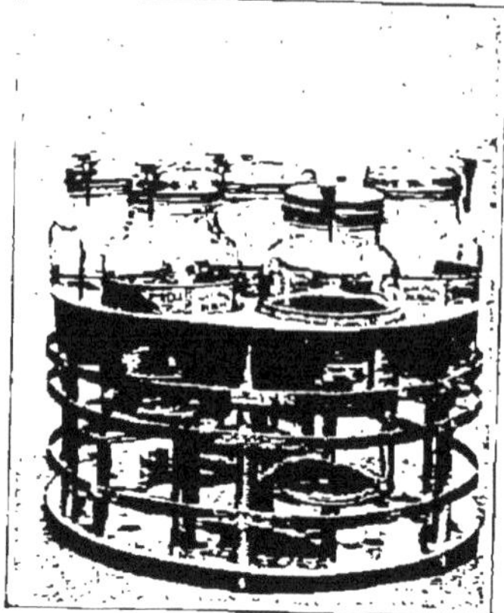

FIG. 3, 4. — FLACONS ET BOUILLEUR EUREKA.

Le bouilleur se compose d'une marmite en fer et d'une sorte de panier mobile, destiné à recevoir les bocaux. Il permet de cuire trois à sept bocaux, suivant leur grandeur. Lorsque la plate-forme perforée qui ferme le panier a reçu toute sa garniture de bocaux, soulevez celui-ci par les anses et laissez-le glisser doucement jusqu'au fond de la marmite.

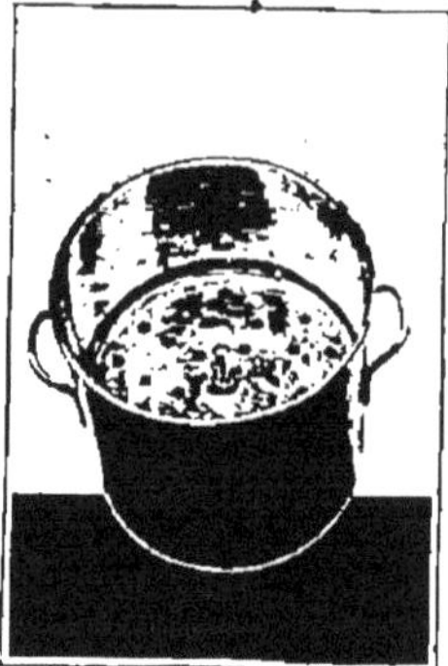

FIG. 5, 6. — MARMITE D'ÉBULLITION DU BOUCHAGE PNEUMATIQUE.

Cette marmite est d'une grande utilité dans les ménages où l'on fait une petite quantité de Conserves ; elle contient jusqu'à 15 bocaux petits et 7 à 8 grands. Elle comporte à l'intérieur même un plateau mobile qui se hausse, se baisse et se fixe à volonté selon la hauteur des flacons, grâce au pas de vis de la tige centrale.

fages au bain-marie, de cinq minutes chacun, espacés de vingt-quatre heures. La stérilisation est alors absolue. Le lait, qui s'altère à une température supérieure à 70 degrés, est stérilisé par cinq chauffages espacés de vingt-quatre heures, à 65 degrés, et d'une durée de cinq minutes chacun.

La *stérilisation sous pression* à 100 degrés est absolue, même en réduisant la durée du chauffage. On l'effectue surtout industriellement, à l'aide de l'*autoclave*, appareil basé sur le même principe que la classique marmite de Papin, fermé hermétiquement lorsque l'eau est portée à ébullition.

Signalons enfin, d'après Lavoine, l'avantage que présenterait l'emploi des solutions salines. Alors « que l'eau bout à 100 degrés sous la pression atmosphérique ordinaire, les sels en solution dans l'eau élèvent le point d'ébullition.

Une solution saturée de sel marin,	bout à	$108°,4$
— — d'azotate de potassium	—	$115°,9$
— — de chlorure de calcium	—	$179°,5$

Les vases hermétiquement clos plongés dans une solution saline en prennent donc la température ; la tension des vapeurs à l'intérieur des vases est supérieure à la pression atmosphérique. Si le vase n'est pas hermétiquement clos, il prend seulement la température qui correspond au point d'ébullition du liquide qu'il renferme, sous la pression atmosphérique. »

CHAPITRE II

BOUTEILLES, FLACONS EN VERRE ET BOITES MÉTALLIQUES

I. BOUTEILLES EN VERRE FERMÉES AVEC LE LIÈGE. || II. LES INCONVÉNIENTS DES BOUTEILLES. || III. BOÎTES MÉTALLIQUES. || IV. LES INCONVÉNIENTS DES BOÎTES. || V. DES BOUTEILLES ET FLACONS LESQUELS CHOISIR? || VI. ESSAYEZ UN SYSTÈME AVANT DE L'ADOPTER.

Dans la préparation ménagère des Conserves aussi bien que dans leur fabrication industrielle, on emploie exclusivement deux catégories de récipients :

1º Les bouteilles et flacons (ou bocaux) en verre de formes variables aux différents systèmes de bouchage ;

2º Les boîtes métalliques.

I. — BOUTEILLES EN VERRE FERMÉES AVEC LE LIÈGE.

C'est le récipient initial des Conserves ménagères encore utilisé dans maints ménages de la campagne, puisque n'importe quelle bouteille, pourvu qu'elle soit couronnée d'un bord fileté et saillant, peut servir de récipient à Conserves. Vraisemblablement, ils le resteront encore et constituent l'idéal pour les personnes ne voulant pas consacrer une mise de fonds dans un matériel de verrerie ; mais ils sont moins sûrs et moins pratiques que ceux du commerce dont nous vous donnons plus loin les principaux modèles.

Ces flacons en verre sont pris, le plus souvent, parmi les litres en verre ordinaire ou encore on sélectionne les fortes bouteilles vertes ayant contenu du vin de Champagne, pouvant résister à la température élevée de l'eau bouillante. ·

Les bouteilles d'eau minérale sont aussi employées, mais il faut craindre « les Vichy » et en général toutes celles ayant contenu des eaux ferrugineuses pouvant, avec le temps, troubler le produit qui leur est confié.

La fermeture de ces récipients s'obtient avec le bouchon de liège préalablement ébouillanté que l'on enfonce à la main ou à l'aide de la batte en bois ou tapette — un bout de planche épais peut la remplacer — ; puis, sur le goulot s'adaptent des systèmes en fer du commerce, d'autres plus primitifs sont fabriqués à la maison ou simplement la maîtresse de maison utilise la ficelle. Ces fermetures sont appliquées pour éviter la sortie du bouchon dès que le liquide augmente de volume en chauffant. Le cachetage à la cire, indispensable pour la bonne conservation, évite l'infiltration de l'air près du produit et doit être pratiqué aussitôt après la stérilisation, avant le refroidissement complet.

II. — LES INCONVÉNIENTS DES BOUTEILLES.

Si économiques soient-elles, vous risquez trop en employant les bouteilles : le bouchon, malgré toutes les précautions prises et la finesse du liège, est sujet à donner un « goût désagréable » ; le remplissage des flacons est mortellement long en raison de leur encolure réduite ; de

LES CONSERVES A LA MAISON

même qu'ils permettent seulement l'emploi d'une catégorie de légumes menus comme les Petits Pois et les Macédoines simples. La résistance des verres, même éprouvée préalablement, est toute problématique : des verres éclatent en bouillant et en brisent d'autres, d'où perte appréciable. Et puis il vous faut les cacheter à la cire, etc., etc.

III. — BOITES MÉTALLIQUES.

Ces récipients en fer-blanc étamé ont leurs partisans. Ce sont surtout des récipients pour les Conserves du commerce ou des hôtels où l'on fait des Conserves ; en raison de la sécurité plus grande qu'ils donnent lors de leur manutention et de leur transport, et aussi par économie ; car les boîtes du commerce sont peu coûteuses. Cependant, pour beaucoup de Conserves de choix, celles de légumes fins et de fruits surtout, on tend à leur préférer les bocaux en verre.

Dans quelques ménages, on emploie aussi les boîtes en fer, mais c'est la minorité, et je ne saurais vous les conseiller, Madame, que si vous avez quelqu'un d'expert pour effectuer soit la soudure, soit la sertissure mécanique des couvercles.

Dès qu'elles sont remplies des légumes, effectuez les soudures ou faites-les faire par le spécialiste, puis vérifiez l'étanchéité en les plongeant dans l'eau chaude. Si vous apercevez des bulles d'air montant à la surface, la fermeture n'est pas hermétique. Un des systèmes de bouchages hermétiques dont vous lirez ci-dessous la description possède des boîtes en fer munies de fermetures mobiles et sûres se soudant automatiquement ; celles-ci sont plus pratiques que les précédentes et peuvent être utilisées dans les ménages.

IV. — LES INCONVÉNIENTS DES BOITES.

Les boîtes en fer-blanc communiquent parfois un goût désagréable aux Conserves, et leur fermeture oblige à des manipulations compliquées, difficiles à exécuter soi-même et dont il vous faut charger le ferblantier. La boîte en fer ne sert également qu'une fois.

Préférez-leur donc les bouteilles et les flacons en verre, dans lesquels les Conserves gardent leur saveur, et qui permettent de se rendre compte de la façon dont les préparations se comportent après la stérilisation.

D'ailleurs, le choix qui est fait des récipients pour les Conserves du commerce corrobore ce conseil, puisque les produits les plus fins et les plus soignés sont mis dans des récipients en verre et possèdent toujours un goût plus délicat.

V. — DES BOUTEILLES ET FLACONS, LESQUELS CHOISIR?

Adoptez pour les Conserves ménagères des appareils simples et pratiques, la recherche dans les formes n'est qu'un détail sans importance, qui doit ou peut seulement intéresser l'industriel.

Je vous conseille l'utilisation des bocaux cylindriques spéciaux en verre, genre des bocaux à Cerises, à Cornichons, mais beaucoup plus épais, auxquels sont adaptés des systèmes de bouchage variés, en général assez pratiques. Préférez ceux à large ouverture : un litre, un demi-litre, un quart de litre, suivant la composition de votre famille, commodes à nettoyer, se remplissant avec facilité, puisqu'ils doivent servir indéfiniment.

LES CONSERVES A LA MAISON

L'achat de ces bocaux constitue une première mise de fonds assez élevée ; mais une fois faite, les utilisations successives de ceux-là l'amortissent rapidement, et si vous y ajoutez les économies réalisées sur les achats de Conserves, les déboursés s'amoindrissent considérablement.

Le verre n'a qu'un ennui : sa fragilité, mais il suffit de manipuler adroitement les flacons vides ou pleins pour réduire les causes de bris. Une remarque faite de nombreuses fois, montre que c'est invariablement de la base que provient la fêlure, les côtés sont moins sensibles aux chocs que le flacon soit vide ou plein.

C'est, par contre, la matière la plus pratique et dans laquelle se conservent mieux les légumes ; les parois des bocaux étant inattaquables ne peuvent d'aucune façon influencer les produits qui leur sont confiés.

VI. — ESSAYEZ UN SYSTÈME AVANT DE L'ADOPTER.

Une des conditions essentielles de réussite, réside dans le système de bouchage des flacons, lequel doit cloré hermétiquement.

La multiplicité des modèles de bouchage qui sont nés, ou qui se sont faits connaître depuis une quinzaine d'années, est certainement un écueil pour la débutante n'ayant aucune notion de ce qu'il faut. Elle fixe parfois son choix au hasard de la réclame, d'autant plus que maintenant des systèmes se vendent dans les bazars, chez les marchands de porcelaines, chez les quincailliers qui ne sont pas qualifiés pour donner à l'acheteur des conseils précis. L'emploi de mauvais bocaux ne peut qu'être nuisible à la cause des Conserves familiales, étant donné qu'il est impossible de reconnaître à première vue, et même en recevant les explications les plus détaillées, l'excellence d'un système nouveau. Nous ne saurions donc trop vous recommander, Madame, d'être circonspecte dans vos achats et d'essayer le système avant d'en commander la quantité qu'il vous faut. Commencez modestement, car rien ne décourage plus que les échecs du début. Nous vous donnons dans le chapitre suivant la description des différents systèmes de bouchage dont plusieurs ont été expérimentés par nous. Je les groupe en deux catégories : les *bouchages à fermetures hermétiques* et le *bouchage à fermeture pneumatique*.

CHAPITRE III

FLACONS A BOUCHAGE HERMÉTIQUE

I. Flacons et boîtes du bouchage « Eclair ». || II. Flacons et bouchage « Eureka ».

Tandis que le bocal *Eureka* comporte une fermeture à crochet fixe, adhérente au couvercle, celle du système *Éclair* est maintenue par un ressort indépendant.

L'évacuation ou non de l'air est prévue pour chacun d'eux au cours de l'ébullition par le libre jeu du couvercle. Nous vous donnons d'abord la constitution de chaque modèle et nous vous expliquons plus loin la façon de les utiliser.

I. — FLACONS ET BOITES DU BOUCHAGE ÉCLAIR.

Le « Bouchage Éclair » se compose d'un couvercle métallique, qui s'adapte exactement sur les bords du flacon cylindrique par une bague en caoutchouc formant pression et assurant ainsi une parfaite étanchéité ; un ressort extérieur, placé pendant la cuisson et que l'on enlève seulement lorsque les bocaux sont refroidis, assure la fixité de ce couvercle avant et pendant la stérilisation.

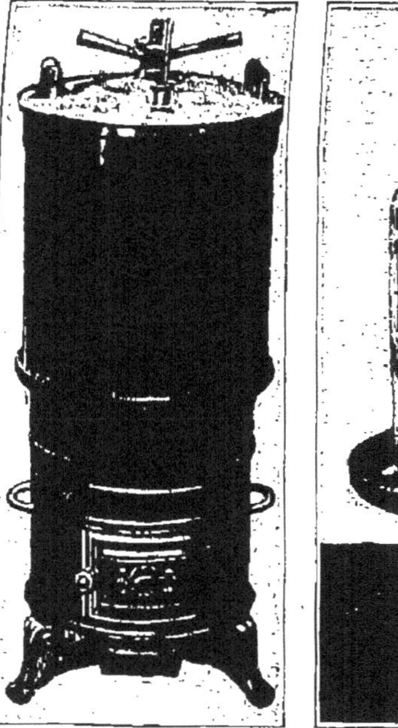

FIG. 7, 8, 9. — MARMITES-AUTOCLAVES DU BOUCHAGE PNEUMATIQUE.

Les marmites permettent d'obtenir des températures supérieures à 100° et abrègent le temps de cuisson. La première possède un foyer distinct ; la seconde (n° 3) une hausse pour placer un brûleur à gaz. Au centre, plateau mobile de la marmite supportant les flacons.

FIG. 10. — COMMENT ÉCOSSER LES POIS.

Pour abréger la besogne, pincez la gousse à son extrémité assez fortement et tordez-la légèrement pour qu'elle s'ouvre, sans s'écraser, sur presque toute sa longueur.

FIG. 11. — POUR DÉTACHER LES POIS.

La cosse ouverte, l'ongle du pouce faisant office de raclette, détache un à un les Pois qu'il pousse dans le creux de la main ; triez-les aussitôt par grosseur.

FLACONS A BOUCHAGE HERMÉTIQUE

Il arrivait assez fréquemment que des joints s'égaraient, se desséchaient ou s'allongeaient, s'ils n'étaient pas gardés avec soin et à une température moyenne ; d'autres fois, ceux-ci mal placés occasionnaient des insuccès. Actuellement, les couvercles des boîtes et des flacons sont munis de joints en caoutchouc adhérents aux couvercles, supprimant les inconvénients signalés ci-dessus et abrégeant le temps des préparations. C'est un perfectionnement des plus pratiques apporté à ce bouchage.

Un nombre égal de ressorts à celui des bocaux est inutile, il suffit seulement d'en avoir deux douzaines ; car il est bien rare que vous fassiez plus de deux séries de sept bocaux dans la même journée.

Les bocaux Éclair ont respectivement une contenance d'un quart, d'un demi et d'un litre ; ils sont tous du même diamètre, seule la hauteur varie avec leur grandeur. Les bocaux d'un litre conviennent pour les légumes, les Asperges, Petits Pois, Haricots verts, etc. ; pour les fruits que l'on consomme en assez grande quantité. Les bocaux d'un demi-litre fournissent au contraire un compotier raisonnable ; ceux-là et les petits servent pour les produits dont on use peu à la fois ; sauce tomate, fonds d'Artichauts, Champignons, Truffes, Pointes vertes d'Asperges et aussi pour les fruits devant garnir quelque pâtisserie.

Les boîtes Éclair sont en fer-blanc (tôle étamée à l'étain pur) et de grandeurs diverses : un demi-litre jusqu'à deux litres. A partir d'un litre, ces boîtes cylindriques sont cerclées de moulures faites pour renforcer la boîte ; car le vide se faisant pendant l'ébullition — puisque la vapeur chasse l'air — au refroidissement, les boîtes se déformeraient en se contractant. Les moulures suppléent donc à l'épaisseur, qui autrement aurait besoin de l'être davantage encore. La hauteur et le diamètre des boîtes

LES CONSERVES A LA MAISON

sont entièrement indépendants des flacons, les couvercles sont différents aussi ; mais les mêmes servent pour les boîtes d'un demi-litre jusqu'à deux litres. Ils sont, comme pour les flacons en verre, munis de joints plastiques et les boîtes peuvent servir pendant de longues années si vous prenez la précaution suivante : aussitôt vides, lavez-les à l'eau chaude et séchez-les.

II. — FLACONS ET BOUCHAGE EUREKA.

Le genre de fermeture du bocal « Eureka » est très particulier. Le corps du bocal est en verre, et la partie supérieure est munie de deux gorges ou sillons. La fermeture fixe adhère au col par un lien métallique placé dans la gorge inférieure, et retenu au moyen d'un fil de fer serré à la pince.

L'extérieur de ce couvercle est étamé fortement, tandis que l'intérieur est enduit d'un vernis isolateur compris pour qu'il ne communique aucun goût aux produits conservés.

La forme des bocaux varie avec leur destination ; il en est de cylindriques et d'autres à gorges très prononcées ; les premiers sont surtout destinés aux Asperges, tandis que les autres conviennent aux différents genres de Conserves : fruits et légumes. Ils sont, les uns et les autres, de capacités graduées et différentes, permettant ainsi de conserver les fruits préférés en quantité variable, les petits flacons étant surtout destinés pour ceux d'un emploi moins courant : un quart de litre, un demi-litre, trois quarts de litre, un litre, un litre et demi, deux litres, trois litres et quatre litres. Pour chacun, à l'exception du caoutchouc qui est mobile, les diverses pièces sont rattachées les unes aux autres, et l'ensemble au bocal.

FLACONS A BOUCHAGE HERMÉTIQUE

Un caoutchouc rond devant assurer l'herméticité se place dans la gorge supérieure du col du bocal, et le couvercle doit le comprimer d'une façon égale pour que la fermeture soit assurée.

CHAPITRE IV

FLACONS A BOUCHAGE PNEUMATIQUE

I. Bocaux a fermetures perfectionnées. ǁ II. Particularités du bouchage pneumatique.

Ce système, qui fut d'abord et est encore largement utilisé pour la préparation industrielle des Conserves, principalement des Conserves de fruits de choix, a été récemment adapté à la confection des Conserves ménagères. Cette adaptation a permis notamment à quantité d'épiciers et de marchands de comestibles, qui achetaient des Conserves de marque dans des flacons ainsi bouchés, de les préparer eux-mêmes et de pouvoir, soit les vendre meilleur marché, soit réaliser des bénéfices plus appréciables. Nous signalons en passant, parce qu'intéressante, cette orientation de la fabrication mi-industrielle, mi-ménagère des Conserves. Elle peut être l'objet de ressources particulières pour les producteurs qui voudraient placer une partie de leurs récoltes sous cette forme, ou pallier partiellement à la mévente ou à la dépréciation des prix des Légumes et des Fruits pendant les périodes d'abondance. Or ce système, annonce le fabricant, est un de ceux qui répond le mieux aux multiples applications de cette nouvelle orientation.

(20)

FLACONS A BOUCHAGE PNEUMATIQUE

Le procédé est basé sur le principe de la désoxygénation préalable à la stérilisation ou à la cuisson, désoxygénation destinée à empêcher la fermentation de se produire. La désoxygénation consiste simplement à chasser l'air et les gaz contenus dans tous les produits en les soumettant à une chaleur progressive, qui s'arrête à l'ébullition de l'eau, la fermeture des bocaux étant opérée à ce moment avec une pince spéciale.

Le temps de cuisson est aussi réduit ; il est variable avec chaque denrée ; mais vous pouvez prendre comme base une durée de trente minutes, si vous vous servez d'une marmite ou d'un récipient suffisamment haut pour contenir les flacons, d'une durée moindre si la stérilisation est effectuée à l'autoclave.

I. — BOCAUX A FERMETURES PERFECTIONNÉES.

Le dispositif du bouchage pneumatique comporte : 1° une capsule filetée en fer-blanc ; 2° un disque-couvercle en étain, surmonté d'un téton ou d'une pointe, perforé d'un trou capillaire, ou encore, d'un même disque avec une vis au lieu d'un téton ; 3° d'une rondelle plate en caoutchouc.

Le disque-couvercle à téton est d'invention plus récente. Il convient aussi bien pour les Conserves ménagères que pour les Conserves industrielles, mais il ne peut servir qu'une fois, particularité qui est défaut et qualité. Défaut si l'on considère le coût du remplacement, qualité, parce que leur renouvellement est une sécurité pour les personnes qui ne portent pas attention à la mise en état des bocaux lorsqu'ils sont devenus inutiles.

Le couvercle à vis est aussi recommandable pour les Conserves ménagères ; parce qu'il suffit seulement de dévisser la vis pour déboucher les bocaux, et ce couvercle peut servir à nouveau.

Les bocaux sont en *verre recuit* et jamais, nous dit-on, les flacons ne cassent pendant l'ébullition, ce qui arrive fatalement avec *le verre soufflé*.

La série des formes est des plus variée, de même que les dimensions, qui s'échelonnent depuis 1 lit. 35 jusqu'à l'infiniment petit o lit. 18. Les unes sont cylindriques, elles servent pour les légumes, viandes, gibiers; les autres aux formes plus grêles sont utilisées pour les fruits, les, Macédoines de légumes et naturellement les fermetures sont de grandeur proportionnée.

Les formes coniques sont dites « formes du commerce »; elles sont plus flatteuses à l'œil; mais entre toutes, les formes cylindriques me paraissent préférables; aussi, je vous conseille d'adopter les flacons de grandeur moyenne, un litre environ, surtout si vous ne disposez pas d'autoclave permettant une température plus élevée que le simple bouilleur. Quand le flacon est plus grand, la chaleur pénètre plus lentement au milieu, et le degré de chaleur est moins élevé qu'autour du flacon. Prêtez-y attention et tenez compte de cet avertissement si vous opérez avec des bocaux d'une contenance de 1 lit. 35.

II. — PARTICULARITÉS DU BOUCHAGE PNEUMATIQUE.

La désoxygénation du produit permet le contrôle immédiat de la stérilisation ; et la casse si redoutée avec nombre de systèmes n'existe pas. En effet, les gaz chassés des flacons n'exercent aucune pression sur les parois du verre et lorsque les tétons sont fermés, l'extensibilité des disques se prête à l'expansion de la vapeur d'eau. Les disques cèdent au profit de la résistance du verre, le bouchage n'est jamais disloqué et reste indemne des efforts subis pendant l'opération. En outre, flacons et capsules (à vis) servent indéfiniment et le bouchage rationnel des flacons sans complication minutieuse de fermeture assure le succès.

Ce système possède en outre l'avantage précieux de permettre le rangement des flacons absolument comme s'il s'agissait de bouteilles de vin dans un casier; sans préjudice pour leur contenu, vous pouvez donc les coucher, ce qui constitue une grande économie de place quand celle-ci est mesurée.

CHAPITRE V

BOUILLEURS ET AUTOCLAVES

I. Chaudière, lessiveuse, bassine, sont des bouilleurs imparfaits. ‖ II. Préférez les bouilleurs spéciaux. ‖ III. Marmite et autoclaves du bouchace pneumatique. ‖ IV. Matériel supplémentaire.

L orsque les flacons sont bouchés, préts à être soumis à l'ébullition, pour mener à bien leur cuisson, le complément indispensable est un récipient pratique où la stérilisation s'effectue avec le plus de garanties possibles : les bouilleurs et les autoclaves sont tout à fait indiqués.

I. — CHAUDIÈRE, LESSIVEUSE, BASSINE, SONT DES BOUILLEURS IMPARFAITS.

Par raison d'économie, dans les ménages moyens, on effectue encore la stérilisation au bain-marie dans une bassine profonde, une chaudière, une lessiveuse. Ce procédé primitif ne va pas sans inconvénient. Si vous l'utilisez, entourez les récipients de toile ou chacune des bouteilles d'un paillon à champagne ; posez-les sur un fond de bois ou de paille pour qu'ils ne soient pas en contact direct avec le fond de la marmite. Enfin, inter-

FIG. 12. — GRATTEZ LES ASPERGES.

Râclez l'épiderme coriace en inclinant l'Asperge, tenue de la main gauche, sans raideur, pour qu'elle ne casse pas. Faites-la tourner sur elle-même, de telle façon que toutes ses faces se présentent sous le couteau.

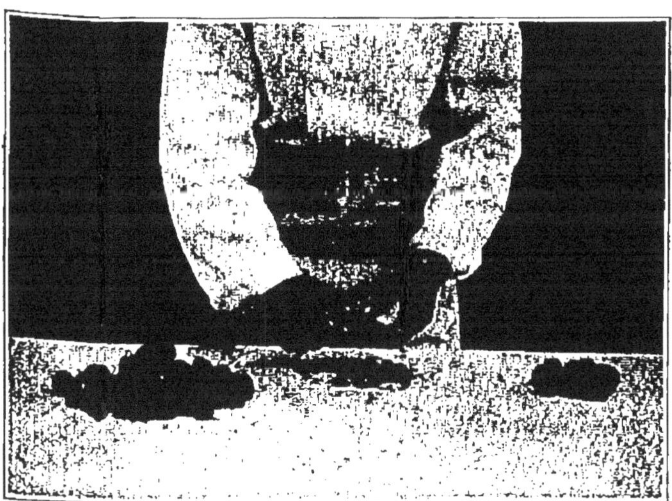

FIG. 13. — ÉPLUCHEZ OU GRATTEZ LES CAROTTES.

Forcez d'abord légèrement la petite excavation supérieure, et enlevez la partie verte l'entourant. Grattez ensuite l'épiderme ou pelez-le, suivant la qualité et la grosseur des légumes.

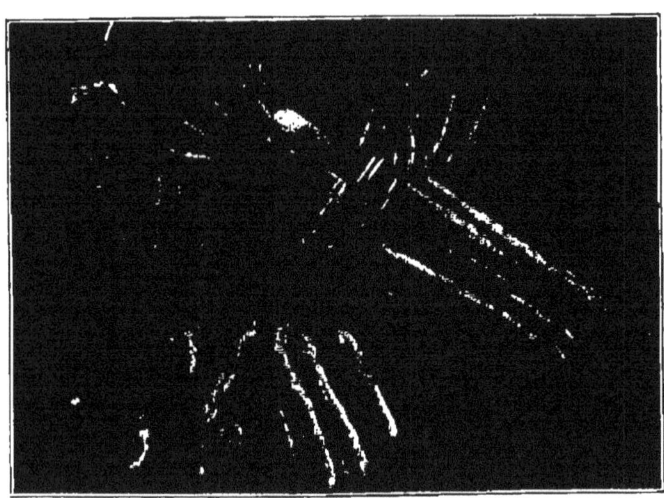

FIG. 14. — PLACEMENT DES ASPERGES DANS LE BOCAL.

Maintenez le bocal incliné pendant que vous introduisez les Asperges une à une ; elles se placent ainsi très normalement et sans difficulté.

FIG. 15. — TASSEZ LES HARICOTS EN FLACONS.

Dès que les Haricots sont rafraîchis et froids, dressez-les sur une passoire à pieds pour les égoutter. Introduisez-les par poignées dans le bocal et tassez-les afin d'en faire entrer une plus grande quantité.

posez des tampons d'étoffe ou de paille pour assurer leur stabilité et éviter le bris des verres. Malgré ces précautions, les flacons se renversent parfois les uns sur les autres, se brisent lors de l'ébullition. L'eau monte alors au-dessus et peut entrer dans les flacons si le système de fermeture n'est pas parfait. Que d'échecs déjà ont été enregistrés à cause de cela, qui ont découragé plus d'une débutante.

C'est pourquoi je vous recommande, pour la cuisson et la stérilisation, les bouilleurs spéciaux, abrégeant considérablement le temps et les manutentions. Mais si, malgré les ennuis que présente la stérilisation dans les lessiveuses, vous préférez ce moyen, garnissez préalablement le fond du récipient avec de la paille ou posez dessus un fond de bois pour éviter que la chaleur directe du fond en touchant les bocaux ne les fasse éclater. Enveloppez les flacons dans un linge, s'ils viennent à chavirer la chute est moins dangereuse. Versez l'eau en quantité suffisante et assurez-vous encore, avant de fermer le récipient employé, de la stabilité réelle de vos bocaux.

II. — PRÉFÉREZ LES BOUILLEURS SPÉCIAUX.

Pour ses nombreuses qualités pratiques : sécurité, propreté, minimum de temps et de combustible, adoptez le bouilleur qui convient au système de flacons que vous utilisez.

Le bouilleur « Eclair » est composé d'une grande marmite et d'un panier qui peut devenir panier laveur perforé indépendant, et qui s'adapte à l'intérieur de celle-ci. La partie supérieure de ce panier est munie d'une sorte de plate-forme mobile, ronde, s'adaptant dans l'orifice supérieur et percée d'ouvertures rondes, généralement

au nombre de sept, dans lesquelles s'encastrent les flacons. Ce dispositif, en isolant les verres du fond et des
parois et en les maintenant à distance les uns des autres,
évite les chocs et les bris qui ont lieu lorsqu'ils sont mis
dans une simple marmite et non séparés par des bourre-
lets de toile ou des tampons de paille.

Enfin, par leur disposition, les flacons se trouvent sus-
pendus, de telle façon que, lors de l'ébullition, la fermeture n'est pas recouverte par l'eau. Ajoutons que le panier
perforé peut servir pour le blanchiment des légumes et,
grâce à l'anse dont il est muni, vous pouvez l'enlever avec
les flacons, sans craindre les brûlures, la cuisson achevée.

Le bouilleur « Eureka » se compose de deux parties :

1° Une marmite étamée avec couvercle ;

2° Un panier mobile à trois et respectivement à sept
compartiments disposés de façon à recevoir avec tous les
couvercles au même niveau, les flacons de différentes
hauteurs. Ce résultat est obtenu au moyen de barrettes
croisées à extrémités pliées que l'on pose sur l'armature,
de façon à déterminer à volonté la plate-forme sur laquelle
repose le bocal.

Le bouilleur Eureka comme le bouilleur Eclair forme
une espèce d'autoclave qui favorise la cuisson des Conserves et sépare les flacons pour éviter la casse. La marmite débarrassée du panier peut servir utilement à la
cuisson des légumes, grosses pièces quelconques et est
très utile dans la cuisine pour de nombreux usages.

III. — MARMITE ET AUTOCLAVES DU BOUCHAGE
                                    PNEUMATIQUE.

Pour faciliter la préparation des Conserves dans les
ménages qui ne disposent pas de récipients assez hauts

pour recouvrir les flacons du bouchage pneumatique de o m. 02 d'eau, il existe une petite marmite spéciale ayant o m. 34 de hauteur et un diamètre égal ; une hausse mobile permet de maintenir les flacons à bonne hauteur selon leurs dimensions.

Cette marmite peut contenir :

```
7 flacons du n°. . . . . . . . . . . . . . .  50
8    —      —   . . . . . . . . . . . . . .  32
14   —      —   . . . . . . . . . . . . . .   5
14   —      —   . . . . . . . . . . . . . .  30
```

L'intérieur de ces marmites est muni d'un plateau vissé sur la tige centrale, que l'on élève ou abaisse à volonté suivant la hauteur des flacons. Le couvercle, qui s'enlève, comprend : 1° une soupape de sûreté à action directe, influencée par un poids calculé qui lui permet de se soulever en cas d'excès de chaleur, lorsque la température dépasse 110 degrés; 2° une gaine à vis de serrage qui maintient un thermomètre spécial gradué de plus de 60 à 107 degrés, limite que l'on atteint pour la conservation indéfinie de tous les produits végétaux et animaux.

Si vous voulez faire succéder des séries de cuissons rapidement, il est préférable d'avoir recours à la marmite autoclave qui permet de soumettre les produits alimentaires à des températures dépassant 100 degrés. Il en existe trois modèles différents adaptés à trois genres de chauffage.

Je dois cependant ajouter que l'autoclave n'est nullement utile pour les Conserves d'un ménage moyen; par contre, son emploi est tout indiqué chez les petits industriels et dans les maisons bourgeoises, châteaux, exploitations, où l'on fait quantité de Conserves. Elle n'a qu'un but : faire gagner du temps.

LES CONSERVES A LA MAISON

Les autoclaves contiennent 50 litres d'eau environ et peuvent recevoir de 7 à 15 flacons, selon leur grosseur. Leur diamètre est de 0 m. 34. Les systèmes 1, 2, 3, sont identiquement les mêmes comme capacité et adaptation ; il n'y a que le mode de chauffage qui diffère.

L'autoclave n° 1 est la marmite-autoclave seule, que l'on peut poser indifféremment sur une cuisinière, un réchaud, etc. L'autoclave n° 2 est livré avec un foyer à chauffage, bois ou charbon. L'autoclave n° 3 est toujours la même marmite-autoclave, mais livrée avec un socle en bois surmonté d'une hausse en tôle d'acier sur laquelle doit reposer l'autoclave et où l'on place un brûleur Bunzen pour le chauffage ; en outre cet autoclave est muni d'un manomètre régulateur à gaz.

Voici la marche à suivre pour le cas où vous procéderiez à la cuisson dans l'un de ces trois genres d'autoclaves. Placez les flacons contenant les produits sur le plateau intérieur de la marmite, quand l'eau est à 40 degrés environ, de façon qu'ils soient à 5 ou 6 centimètres du rebord de la marmite. Recouvrez-les de 2 à 3 centimètres d'eau au-dessus du téton ou vis qui surmonte le couvercle ; continuez le chauffage jusqu'à l'ébullition et faites ainsi que nous vous indiquons plus loin pour le pincement des tétons. Mettez le couvercle de l'autoclave, serrez légèrement la manette qui assure le joint parfait, placez ensuite le thermomètre dans la gaine à vis ménagée sur le couvercle, mettez le poids de la soupape et observez la graduation du thermomètre jusqu'à 107 degrés. Cessez le feu et laissez refroidir les flacons dans le bain de l'autoclave. Vous pouvez enlever le couvercle lorsque le thermomètre est descendu à 60 degrés, puis retirer les flacons dont vous vérifierez la fermeture. Sous la pression atmosphérique, les couvercles des flacons se creusent d'eux-

mêmes en refroidissant et affectent une forme concave;
c'est l'indice d'une bonne conservation.

IV. — MATÉRIEL SUPPLÉMENTAIRE.

Outre les bocaux à Conserves et le bouilleur ou autoclave, ayez à votre disposition des ustensiles pratiques,
facilitant les manutentions. Ceux-ci ne sont pas spéciaux
à la préparation des Conserves, et se rencontrent dans la
plupart des cuisines; mais dans le cas où vous devriez faire
l'acquisition de l'un d'eux, prenez invariablement une
grandeur moyenne. Pour le blanchiment des légumes,
utilisez une marmite en émail ou de grandes casseroles;
n'importe quel ustensile peut être employé pourvu qu'il
puisse être *couvert aussi parfaitement que possible.*

Le modeste panier à salade vous servira à plonger et à
retirer rapidement les légumes, à moins que vous ne pos-
sédiez un récipient spécial pour cet usage. Une terrine en
grès vernissé ou en faïence genre jatte, une grande bassine émaillée pour le lavage et le rafraîchissage des
légumes. A volonté, le tamis en crin ou la passoire à
pieds pour égoutter, l'écumoire, les boules en fer et un
pèse-sel. A l'exception de ce dernier, ces ustensiles font
tous partie du matériel de cuisine, et il n'est pas nécessaire de les acheter spécialement pour cet usage.

CHAPITRE VI

CHOIX, CUEILLETTE ET PRÉPARATION DES LÉGUMES

I. Des légumes sains sont indispensables. || II. Faites plusieurs choix, la préparation est plus homogène. || III. Nettoyez et blanchissez les légumes. || IV. Le rafraîchissage ou le verdissage. || V. Préparation de la saumure. || VI. Préparation des bains acidulés. || VII. Le bouillon clarifié.

La qualité d'une Conserve quelconque ne réside pas seulement dans le choix d'un bon appareil de conservation. Elle est intimement liée à la fraîcheur du produit employé, c'est-à-dire que tous les légumes destinés à ces préparations doivent être absolument sains et préparés autant que possible immédiatement après leur cueillette ou le lendemain au plus tard, afin qu'ils gardent leur saveur naturelle.

Il est absolument téméraire de supprimer le blanchiment et de le remplacer par une demi-heure ou trois quarts d'heure de cuisson supplémentaire ; vous risquez, pour quelques légumes tels les : Petits Pois, Asperges, Choux, Carottes, une fermentation ultérieure. D'autre part, les légumes trop poussés à la cuisson n'ont plus toutes les qualités des légumes frais.

CHOIX ET CUEILLETTE DES LÉGUMES

Ordonnez votre provision et ne réservez jamais trop de bocaux à la fois, surtout si vous êtes sans aide. Opérez plutôt de deux en deux ; ainsi il s'établit un roulement dans la manutention qui s'effectue sans fatigue.

I. — DES LÉGUMES SAINS SONT INDISPENSABLES.

Ne mélangez sous aucun prétexte les légumes indemnes avec ceux portant des traces d'altération : piqûres d'insectes, commencement de pourriture, éclatement partiel, etc. ; vous risqueriez trop de compromettre le résultat, étant donnée la nature des mauvais ferments que contiennent ces produits tarés.

Cueillez les légumes le matin de préférence, alors que la rosée les recouvre encore de son humidité bienfaisante. Préférez, pour la conservation, ceux qui ont terminé leur croissance avec une période sèche, lorsque cela est possible, bien entendu.

Au potager, vous pouvez faire la récolte de deux façons différentes, soit en cueillant indistinctement les légumes gros, moyens et fins, soit en vous astreignant à ne choisir qu'une catégorie de légumes moyens ou fins. Cueillir sans recherche d'un choix défini est mieux et plus vite terminé. Il n'y a plus ensuite qu'à séparer les différents choix.

Si vous tenez aux Conserves jolies et délicates, préférez le choix fin ; ce n'est pas que les légumes soient toujours plus nutritifs que les autres ; c'est même bien souvent le contraire, mais leur aspect est plus tentant et sollicite davantage le gourmet délicat.

LES CONSERVES A LA MAISON

II. — FAITES PLUSIEURS CHOIX, LA PRÉPARATION EST PLUS HOMOGÈNE.

Triez donc vos légumes au mieux en éliminant ceux tachés, abîmés, et mettez en Conserves le choix fin et aussi le moyen, si vous le jugez bon, excepté toutefois pour les Asperges, les Endives, etc., que nous vous conseillons de choisir grosses et moyennes.

Par exemple, les cossettes de Haricots doivent avoir toutes la même grosseur ; s'il en est de plus avancées, faites-en deux catégories : des fins et des extra-fins. Pour les Pois et les Haricots en grains, choisissez-les au même état d'avancement ; les Pois seront de couleur franchement verte et fins, pour ne pas avoir un mélange moitié grains tendres, moitié grains durs. Les gros Pois sucrés, souvent attaqués par les vers, doivent être soigneusement triés et préparés de préférence au début de leur production. Laissez de côté les fruits crevassés, s'il s'agit de Tomates destinées à être conservées en entier ; mais, si elles sont saines, elles peuvent cependant servir à la préparation de la Conserve en sauce.

III. — NETTOYEZ ET BLANCHISSEZ LES LÉGUMES.

Votre choix de légumes fait. nettoyez-les. Épluchez, effilez, grattez, écossez, effeuillez suivant la catégorie que vous conservez. Faites ces opérations minutieusement, afin qu'aucune impureté ne subsiste, et préparez toujours, pour chaque espèce, un huitième supplémentaire destiné au remplissage complet des flacons, car le blanchiment fait perdre aux légumes un peu de leur volume.

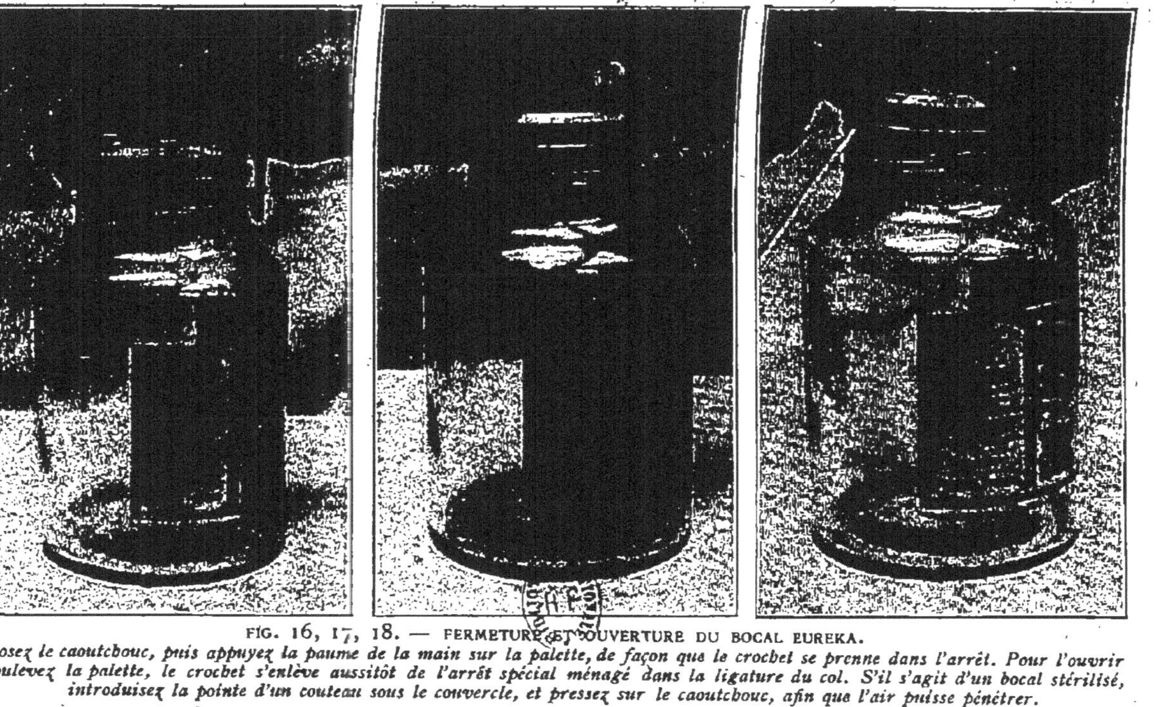

FIG. 16, 17, 18. — FERMETURE ET OUVERTURE DU BOCAL EUREKA.

Posez le caoutchouc, puis appuyez la paume de la main sur la palette, de façon que le crochet se prenne dans l'arrêt. Pour l'ouvrir soulevez la palette, le crochet s'enlève aussitôt de l'arrêt spécial ménagé dans la ligature du col. S'il s'agit d'un bocal stérilisé, introduisez la pointe d'un couteau sous le couvercle, et pressez sur le caoutchouc, afin que l'air puisse pénétrer.

FIG. 19, 20. — POSE DU CAOUTCHOUC ET DU RESSORT DU BOUCHAGE ÉCLAIR.
*Si le couvercle n'est pas muni d'un caoutchouc collé, posez celui-ci bien à plat
dans la rainure ; maintenez-le avec les doigts des deux mains pour en éviter les
torsions. Placez alors le couvercle et engagez ensuite les extrémités du ressort
dans les crochets s'encastrant dans la gorge des flacons.*

FIG. 21. — PLACEMENT DES BOCAUX ÉCLAIR DANS LE PANIER PERFORÉ.
*Introduisez chaque bocal dans l'ouverture qui lui est destinée, il y reste sus-
pendu par les crochets du ressort et absolument isolé de ses voisins.*

CHOIX ET CUEILLETTE DES LÉGUMES

Tous indistinctement doivent être ébouillantés avant la mise en flacons et le temps varie suivant leur volume et leur dureté. Le blanchiment n'est autre chose qu'une immersion de cinq à dix minutes dans l'eau bouillante pour les légumes tendres, de quinze à vingt pour les plus résistants.

Le blanchiment a pour objet de soumettre les légumes à l'action aseptique de l'eau bouillante, sans altérer leur forme et leur goût, mais en les décolorant toutefois quelque peu, ce qui est sans importance. Il enlève en outre l'acidité de quelques-uns et les impuretés, en même temps qu'il détruit ou affaiblit déjà les microbes adultes et les spores. C'est aussi une sorte d'épuration de ceux-ci par la formation d'une écume, principalement au cours de cette opération, sur les Haricots, les Pois surtout. Il constitue donc une excellente préparation à la stérilisation.

Conduisez le blanchiment ainsi : Jetez les légumes directement dans l'eau, ou contenus dans un panier-bouilleur — il existe des modèles dans le commerce absolument pratiques — qui ne les éparpille pas dans le bain. Le vulgaire panier à salade vous rendra un service identique. Vous n'aurez alors qu'à saisir un de ces deux ustensiles par les poignées dont ils sont munis. Ces deux moyens sont plus rationnels que la pêche à l'écumoire toujours longue et endommageant quelquefois les légumes.

Le blanchiment a toutefois l'inconvénient de trop réduire les légumes extrêmement tendres et délicats tels les Pois extra-fins, les cœurs de Céleris, etc. Il est facile de conserver à ceux-ci l'action favorable de cette ultime préparation à la stérilisation, en les « pochant » ou en les « ébouillantant », ce qui revient au même. Versez donc

simplement de l'eau bouillante sur ces légumes fragiles et
— au lieu de cuire ceux-ci dans l'eau bouillante sur le
feu — laissez-les dans cette eau hors du feu, pendant
cinq à huit minutes également.

J'ai d'ailleurs soin de vous indiquer pour chaque
légume ceux qu'il vous faut *blanchir* ou simplement
pocher.

IV. — LE RAFRAICHISSAGE OU LE VERDISSAGE.

Rafraîchissez les légumes aussitôt après le blanchiment
ou le pochage dans le plus grand volume d'eau froide possible, ou mieux encore à l'eau courante, ou bien mettez-les dans un grand récipient dont vous changerez fréquemment l'eau afin d'activer le refroidissement.

Ce bain froid raffermit les légumes, mais si vous tenez
à ce qu'ils aient une teinte verte comme les Conserves
du commerce, une opération supplémentaire doit être
faite simultanément au blanchiment : c'est le verdissage.

Ce verdissage artificiel s'obtient en ajoutant, dans l'eau
bouillante du blanchiment, 1 gramme et demi de sulfate
de cuivre par 10 litres d'eau. La qualité des légumes ver-
dis n'est pas supérieure à celle des autres, et ce petit raffi-
nement pour la satisfaction de l'œil oblige à faire rafraîchir les légumes quinze à vingt minutes de plus.
Moins de couleur est préférable, vous y gagnez un aliment plus sain ; c'est vous dire qu'il est mieux de ne pas
recourir aux produits chimiques.

V. — PRÉPARATION DE LA SAUMURE.

La saumure est le bouillon avec lequel je vous conseille de mouiller les légumes avant de fermer les bocaux,

de préférence à l'eau froide; tandis que l'eau ordinaire s'évapore vite pendant l'ébullition, il n'en est pas de même avec la saumure.

La plus ordinairement employée est celle titrant 3 degrés. Pour l'obtenir, faites fondre sur le feu le sel ordinaire dans la proportion suivante :

    Eau . . . . 1 litre.
    Sel. . . . . 25 grammes.

Préparez-la donc pendant le blanchiment afin qu'elle soit encore très chaude lorsque vous la verserez sur les légumes.

Mais des saumures plus légères sont également utilisées.

    Eau . . . . 1 litre.
    Sel. . . . . 10 grammes.

Chauffez en remuant jusqu'à la dissolution complète du sel. Au moment de la verser sur les légumes, si vous remarquez qu'elle est froide, faites bouillir à nouveau.

Constatez à l'aide du pèse-sel si cette saumure est bien au degré voulu. Si elle arrive au niveau de la production, elle titre 3 degrés. Si elle monte au contraire au-dessus de celle-ci, elle est trop faible, ajoutez donc du sel. Si elle descend au-dessous, elle est trop concentrée, ajoutez de l'eau.

VI. — PRÉPARATION DES BAINS ACIDULÉS.

Les bains acidulés sont de deux sortes : le bain au citron et le bain au vinaigre ; mais leur but est le même : empêcher quelques légumes de noircir ou de jaunir et forcer la retraite des animalcules contenus dans les fleurons, alvéoles, etc.

LES CONSERVES A LA MAISON

Leur emploi dans la préparation des Conserves est plutôt exceptionnel, puisque cinq légumes seulement : Choux-fleurs, Salsifis, Champignons, Cèpes et Morilles réclament leur assistance. Encore, pour ces trois derniers, est-il préférable d'employer le jus de citron moins brutal. Préparez le bain vinaigré en mettant pour un litre d'eau environ un demi-verre à madère de vinaigre sans aromate, mêlez afin que le vinaigre soit bien dilué dans l'eau lorsque vous y plongez les légumes, au fur et à mesure de leur épluchage. Employez-le principalement pour les Salsifis qu'il conserve bien blancs, pour les Choux-fleurs fractionnés et les Morilles, car rien n'a plus d'action sur les animalcules que son acidité.

Préparez le bain de citron de cette façon. Pour un litre d'eau, extrayez à l'aide du presse-citron le jus d'un demi-fruit et mélangez-le intimement à l'eau avant que d'y introduire les légumes. Celui-ci convient plus spécialement aux Champignons, Cèpes, en raison de ses propriétés moins acides, en outre son goût fin n'est nullement nuisible à ceux-ci ; il suffit du reste de donner à ces légumes un lavage très complet pour enlever toute trace ou seulement l'odeur acidulée.

VI. — LE BOUILLON CLARIFIÉ.

Si vous voulez conserver des légumes au bouillon, comme c'est le cas pour quelques recettes spéciales aux Champignons, Carottes, Laitues, etc., préparez un bouillon préalablement. Faites pour cela un consommé gélatineux composé de rond de gîte, pied de veau, couenne de lard, peu de légumes : Carottes, Navets, Céleris, et faites cuire le tout « doucement » pendant quatre heures. Laissez reposer et dégraissez lorsqu'il est complètement froid. Mettez-en une partie dans une casserole à feu doux et pendant ce temps, hachez grossièrement quelques branches de persil, une tranche de bœuf, « beefsteak ». Montez en neige le blanc d'un œuf, ajoutez un petit verre de vin de madère et mêlez ces différents ingrédients ; salez, poivrez et versez dans le bouillon qui doit être doux.

Mêlez *sans arrêt* jusqu'à l'ébullition et à ce point, baissez le feu de façon que le liquide frémisse seul doucement pendant dix minutes.

Passez le bouillon au chinois recouvert d'une mousseline très fine pour arrêter la mousse et les impuretés qui surnagent. Laissez-le couler seul, il est ainsi limpide et d'une coloration ambrée fort séduisante. Vous pouvez l'employer aussitôt et ainsi que nous vous l'indiquerons pour chaque légume.

CHAPITRE VII

MISE EN FLACONS ET BOUCHAGE

I. Révisez minutieusement les récipients. || II. Comment boucher les flacons et boîtes Eclair. || III. Comment boucher les flacons Eureka. || IV. Fermeture des flacons a bouchage pneumatique.

LE placement des légumes en flacons n'est qu'un jeu amusant ; mais je vous recommande, avant de l'effectuer, le contrôle minutieux des récipients : flacons, fermetures, couvercles et ressorts, capsule filetée.

I. — REVISEZ MINUTIEUSEMENT LES RÉCIPIENTS.

Par l'usage fréquent des appareils, les verres — s'ils sont manipulés sans soin — s'ébrèchent sur leur rebord supérieur ordinairement poli et le couvercle ne pose plus convenablement. Quand la cassure est grande, il est mieux de les réformer, de même ceux fêlés à la base ou sur une partie de leurs parois, du reste ceux-ci ne seraient pas hermétiquement clos après la stérilisation.

Les caoutchoucs doivent être très souples, trop secs ils sont vieux et risquent de casser en les étirant pour les placer sur les bocaux. Vérifiez-les donc soigneusement, si vous tenez à employer ceux vieux d'une année. Le remplacement total chaque année est préférable, parce qu'à la cuisson le caoutchouc se détend et devient plus grand, du reste la dépense est insignifiante.

Quant aux couvercles, ils doivent être absolument indemnes de tout vice : ni déchirure, ni dentelure, ni bosses. Pour les systèmes ayant des ressorts mobiles, bouchage Éclair, assurez-vous que ceux-ci ont toujours une force élastique suffisante et fournissent une pression assez grande sur les couvercles.

Ces conseils ne sont pas seulement spéciaux pour les appareils usagés, ils s'appliquent aussi aux appareils neufs, ces détails pouvant échapper au fournisseur le plus consciencieux ; de même que des bocaux fêlés ou ébréchés au col.

Cette revue passée, nettoyez indistinctement tous les flacons à l'eau de cristaux et rincez-les généreusement de façon à enlever toute odeur. Faites de même pour les boîtes en fer et avec plus d'attention encore. Renversez-les pour les bien égoutter, essuyez-les et assurez-vous à nouveau, avant de les utiliser, qu'ils sont d'une irréprochable propreté.

II. — COMMENT BOUCHER LES FLACONS ET BOITES ÉCLAIR.

Dès que les légumes sont complètement refroidis, introduisez-les dans les flacons en les serrant légèrement pour en faire tenir le plus possible, mais sans les comprimer trop cependant, au point de les froisser ou de les écraser. Placez-les au mieux pour que la présentation soit agréable.

Les Haricots verts et Flageolets, Carottes, Navets ne s'écrasant pas autant que les autres, pressez-les davantage. Dès qu'un flacon est rempli, ajoutez la saumure

LES CONSERVES A LA MAISON

bouillante qui doit les recouvrir complètement et remplissez les bocaux, de telle façon que les légumes baignent, tout en ménageant entre le niveau du liquide et le couvercle ou le bouchon un vide de 12 à 15 millimètres pour les flacons d'un litre, 8 à 10 millimètres pour le quart de litre.

Le produit augmentant de volume à la cuisson, s'il était en abondance à l'intérieur du bocal, des parcelles pourraient s'échapper en même temps que l'air, s'attacher à la paroi interne du couvercle ou s'insinuer près du caoutchouc, ce qui est susceptible de provoquer une fermentation.

Effectuez la pose de la bague en caoutchouc avec attention. Si ce caoutchouc n'est pas convenablement placé à plat, s'il est tortillé, vous risquez qu'il s'échappe ou se déplace en posant le couvercle et, dans ces conditions, l'air s'échappant, la compression atmosphérique intérieure n'a pas lieu, la stérilisation se fait imparfaitement, le couvercle ne clôt pas, et vous ne vous en apercevez pas immédiatement parce que le ressort tient le couvercle qui le cache, mais après la stérilisation vous constaterez l'échec. Détendez ce caoutchouc en l'étirant entre le pouce et l'index de chaque main, pour que le diamètre d'ouverture soit plus large que celui du col du vase, glissez-le sur ce col jusqu'à la hauteur du petit sillon circulaire ménagé à cet effet, dans lequel il doit s'enclaver afin d'éviter son glissement. Pour cela, tandis que l'index de chaque main le maintient dans cette position sur la moitié de la circonférence, les deux pouces le font glisser sur l'autre moitié et le fixent.

Le couvercle est posé à son tour, les bords venant recouvrir ce caoutchouc, sur lequel il forme pression.

.En le plaçant, ne tâtonnez pas. Lorsqu'il est posé laissez-

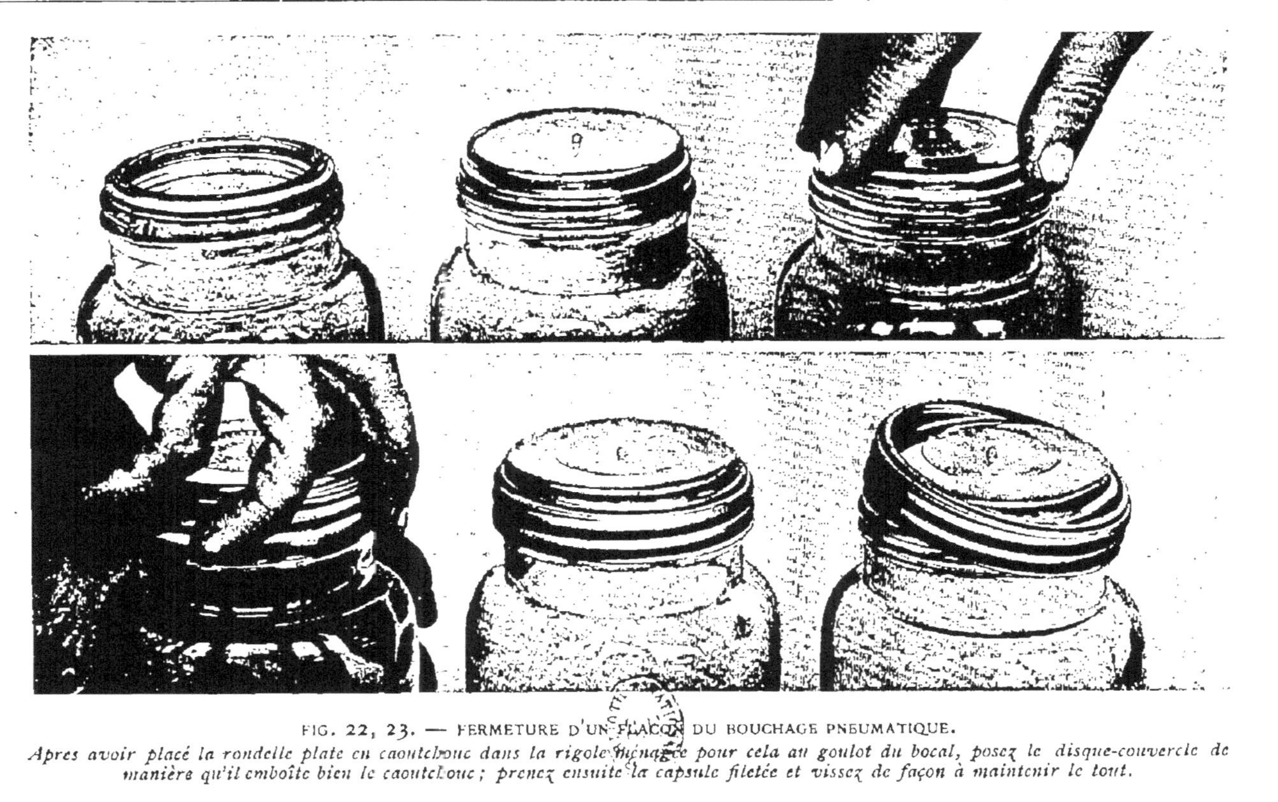

FIG. 22, 23. — FERMETURE D'UN FLACON DU BOUCHAGE PNEUMATIQUE.

Après avoir placé la rondelle plate en caoutchouc dans la rigole ménagée pour cela au goulot du bocal, posez le disque-couvercle de manière qu'il emboîte bien le caoutchouc ; prenez ensuite la capsule filetée et vissez de façon à maintenir le tout.

 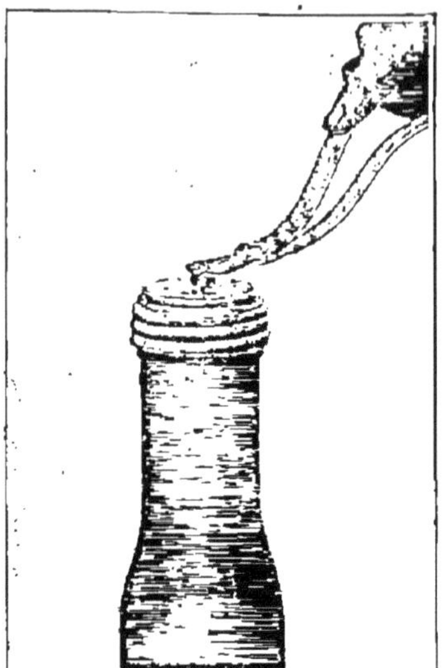

FIG. 24, 25, 26. — PINCEMENT DES TÉTONS OU SERRAGE DE LA VIS SOUS L'EAU.

Tenez la pince comme des ciseaux, appuyez les deux branches l'une contre l'autre au moment du serrage, ou bien serrez la vis avec un tournevis. Procédez à cette fermeture ultime sous l'eau, afin que l'air ne pénètre pas dans le flacon.

le, parce qu'en le faisant tourner, en le soulevant d'un côté ou d'un autre vous risquez de le déplacer.

Cette pose de la bague en caoutchouc est maintenant simplifiée, puisque les couvercles sont munis à l'intérieur d'une bague de caoutchouc très adhérente formant un joint plastique ; mais pour ceux-là encore, vérifiez que le caoutchouc soit régulièrement serti intérieurement.

Les boîtes en fer-blanc se bouchent de la même façon, puisque leur couvercle est absolument semblable à ceux des flacons en verre.

Lorsque la stérilisation aura été faite, l'air comprimé intérieurement ne pourra s'échapper, et l'air extérieur ne saurait davantage pénétrer. La tension du caoutchouc ne peut toutefois maintenir le couvercle pendant la cuisson : la vapeur d'eau le ferait vite échapper. Aussi le fixe-t-on soit par un collier de serrage mobile, en sertissant complètement les bords, soit par un ressort transversal dont les deux extrémités recourbées formant crochets viennent s'enclaver dans une cavité circulaire destinée à les recevoir.

Pour appliquer ce dernier dispositif, le crochet de l'extrémité de gauche, maintenu par la main gauche, est d'abord pris dans ce sillon, tandis que l'index de la main droite pousse et force celui de droite à se distendre et à s'écarter pour glisser sur le rebord du couvercle et venir à son tour pénétrer et se prendre dans ce sillon, dans lequel il se maintient parfaitement, quelles que soient la poussée et la pression données lorsque l'eau est en ébullition. La souplesse de ce ressort lui permet de s'infléchir ou de se distendre légèrement dans sa partie centrale, en s'appliquant constamment contre le couvercle, et d'en suivre fidèlement l'inflexion, qu'il soit plat lorsqu'on le pose, convexe sous la pression de la chaleur pendant la

LES CONSERVES A LA MAISON

stérilisation, ou concave par l'aspiration de l'air comprimé intérieur au fur et à mesure du refroidissement et après ce dernier état.

III. — COMMENT BOUCHER LES FLACONS EUREKA.

Les bocaux s'ouvrent et se ferment par une simple pression sur le crochet qui surmonte le couvercle. Pour l'ouverture, appuyez le pouce sur la partie inférieure de la palette, tandis que l'index soulève l'autre. Afin de mieux suivre encore les manipulations d'ouverture et de fermeture, imaginons que les opérations préliminaires qu'exigent les légumes : nettoyage parfait, lavage, blanchiment, verdissage, sont terminées.

Remplissez le bocal de légumes en laissant un vide de 2 centimètres environ, et mouillez de saumure ; puis, appuyez la base du pouce sur le crochet, qui s'enclave dans la boucle de fer qui lui est ménagée.

Vérifiez alors soigneusement si la rondelle de caoutchouc se trouve convenablement placée sous le couvercle qui doit la comprimer d'une façon égale tout autour.

Ceci est très important, — et c'est en même temps un moyen de vérification, — car si la rondelle n'était pas pressée régulièrement, l'herméticité ne serait pas absolue après l'ébullition.

Quand les bocaux sont fermés à l'aide du crochet, placez-les dans un récipient quelconque ou un bouilleur spécial de trois à sept compartiments.

IV. — FERMETURE DES FLACONS A BOUCHAGE PNEUMATIQUE.

Les soins préliminaires à toutes les Conserves : épluchage, blanchiment, verdissage, placement des denrées, étant faits, bouchez les flacons. Posez avec soin et bien à plat la bague de caoutchouc dans la rigole ménagée spécialement au haut du bocal ; placez le disque sur le col du flacon, de manière que le caoutchouc soit bien emboîté dans celui-ci ; mais tenez le tout, et posez la capsule au-dessus. Vissez toujours en soutenant le disque pour l'empêcher de tourner ; de cette façon le caoutchouc reste bien en place, et, en serrant la capsule, le joint est hermétique, le caoutchouc ne se déplace jamais. Il est utile de graisser légèrement, avec n'importe quel corps gras, l'intérieur de la capsule, pour faciliter le serrage et éviter la rouille après l'ébullition.

CHAPITRE VIII

CONDUITE DE LA CUISSON

I. Stérilisation des flacons bouchés au liège. ‖ II. Stérilisation des bocaux a fermeture hermétique Éclair. ‖ III. Vérification de la fermeture Éclair. ‖ IV. Fermeture automatique du bocal Eureka. ‖ V. Désoxygénation des produits avec le système pneumatique. ‖ VI. Vérification du bouchage pneumatique.

L'ÉBULLITION prolongée pendant des heures entières dénature les produits de quelque nature qu'ils soient. Étant donné que dans la préparation des Conserves, l'important est de garder aux légumes leurs forme, goût et arome, les produits ne peuvent donc indistinctement supporter le même temps d'ébullition ; *il est indispensable, pour avoir des Conserves parfaites, de conduire et d'arrêter le chauffage au temps voulu, il faut qu'il soit mathématiquement réglé.*

Nous vous chiffrons cette durée de cuisson dans les chapitres du deuxième volume de cet ouvrage consacrés à chaque sorte de légume.

I. — STÉRILISATION DES FLACONS BOUCHÉS AU LIÈGE.

Si vous ne possédez ni autoclave, ni bouilleur, garnissez le fond de la bassine ou de la chaudière d'un double fond de paille ou de toile, et interposez des tampons de même matière entre les flacons pour éviter les bris ; il faut en outre les charger d'un poids lourd pour les maintenir en place. Dans l'autoclave, il n'y a qu'à glisser les flacons dans l'emplacement qui leur est ménagé ainsi que dans les cavités du dessus du bouilleur, sur lequel ils se trouvent maintenus par les crochets du ressort. Bassine, chaudière, marmite ou bouilleur sont ensuite remplis d'eau froide jusqu'à la naissance du couvercle. La marmite est alors fermée et mise sur le feu.

L'eau est progressivement portée au point d'ébullition, pour permettre au verre de se dilater en évitant l'éclatement. En procédant ainsi, l'eau bout de trente à quarante-cinq minutes après environ ; assurez-vous-en néanmoins, car ce temps dépend de l'ardeur du feu ; *c'est de ce moment que se compte la durée de la cuisson.* L'eau devant toujours rester en ébullition, maintenez le couvercle constamment clos.

Quand la cuisson est achevée, enlevez la bassine du feu, retirez le couvercle et dès que vous pouvez saisir les flacons, placez-les sur la table de cuisine recouverte d'un linge double ou triple pour leur éviter les contacts des surfaces très froides (pierre ou marbre surtout) et à l'abri des courants d'air qui provoquent leur éclatement.

II. — STÉRILISATION DES BOCAUX A FERMETURE HERMÉTIQUE ÉCLAIR.

Si vous employez le bouilleur spécial, introduisez dans la marmite le panier perforé muni de ses flacons. Faites le plein de celle-ci avec l'eau froide et fermez hermétiquement. Menez d'abord la cuisson à feu doux — précaution contre le bris des flacons — et lorsque vous

LES CONSERVES A LA MAISON

constatez l'ébullition de l'eau, d'après l'échappement de vapeur qui monte en petite colonne autour du couvercle, vérifiez bien que l'eau ne recouvre pas les couvercles en bouillant ; elle doit s'arrêter *au-dessous de la gorge filetée*.

Réglez ensuite l'ébullition et pendant celle-ci, sous aucun prétexte, *n'enlevez pas le couvercle du bouilleur*.

Si vous utilisez les boîtes en fer-blanc du bouchage Éclair, retenez que celui-ci étant meilleur calorique que le verre, la durée d'ébullition doit être réduite d'un quart. Les boîtes peuvent être recouvertes d'eau, mais dans ce cas il est indispensable de les retirer aussitôt que l'ébullition est arrêtée, autrement, pendant le refroidissement l'eau serait entraînée dans les boîtes. Vérifiez la fermeture le lendemain comme pour les flacons en verre.

Aussitôt la cuisson et la stérilisation achevées, enlevez la marmite du feu, retirez le couvercle, et laissez refroidir dans l'eau doucement, pendant quinze minutes, après quoi posez l'anse du panier perforé et enlevez-le de la marmite. Le fabricant de ce système de bouchage recommande, en effet, de ne pas laisser les bocaux refroidir dans l'eau après l'ébullition.

Par contre, sous prétexte d'obtenir le refroidissement plus rapide, gardez-vous ou d'enlever ces flacons pour les mettre dans l'eau froide, ou de les placer sur de la pierre ou dans un courant d'air, ce qui provoquerait la casse ; encore moins faut-il essayer de les retirer du panier-bouilleur, leur dilatation est telle que le moindre choc les briserait. Laissez-les refroidir naturellement dans le panier perforé à l'abri des chocs et autres dangers, pendant quinze minutes, ensuite vous pouvez les mettre sur la table ou les tablettes de la cuisine. Les bocaux restent chauds pendant quatre heures ; mais ce n'est que plus tard, le lendemain, qu'il faut procéder à l'enlèvement des ressorts.

III. — VÉRIFICATION DE LA FERMETURE ÉCLAIR.

Avant de ranger dans un endroit sain les flacons et les boîtes de Conserves, il importe que vous en vérifiiez la fermeture. Pour cela, enlevez le ressort en appuyant et en poussant le crochet de celui-ci ; il se retire aussitôt. Prenez ensuite successivement chaque bocal, et, pour mieux vous assurer encore de la réussite, essayez d'enlever les couvercles avec les doigts. Si la stérilisation est complète et le bouchage étanche, le couvercle est tellement adhérent et fixé qu'il est impossible, même en usant de la plus grande force, de l'enlever. Si au contraire, soit parce que le caoutchouc est mal posé, soit parce que la stérilisation n'est pas parfaite, vous percevez un petit sifflement en enlevant le ressort, c'est que le couvercle n'est pas clos, et celui-là ne tient pas.

Il arrive parfois, le cas n'est pas fréquent, qu'un bocal soit réfractaire à la stérilisation. Cet échec, que vous éviterez en suivant de point en point les indications ci-dessus, est dû tantôt au déplacement défectueux soit du caout chouc, soit du couvercle. Ce dernier posé trop précipitamment ou de côté, provoque le déplacement de la bague de caoutchouc lorsqu'elle n'est pas fixe. Il est également dû, d'autres fois, à l'eau surabondante, mise dans le bouilleur ; l'eau, en ébullition, monte au-dessus des couvercles des bocaux et en empêche ainsi la stérilisation.

Au lendemain de la cuisson, si vous constatez ce fait, vous pouvez : soit soumettre de nouveau le bocal à la stérilisation, soit le consommer de suite, comme s'il s'agissait de légumes cuits par les procédés courants. Adoptez préférablement cette dernière solution, car une seconde ébullition détériore les légumes et enlève leur goût ; par exemple, si vous soumettez les Asperges à une deuxième cuisson, elles prennent la couleur de la rouille, s'imprègnent d'eau, deviennent molles et de qualité tout à fait médiocre.

Au contraire, si le couvercle ferme hermétiquement, de plan qu'il était avant la cuisson, il s'incurve au centre, devient concave ; il est alors si solidement maintenu que les pressions et les pesées réitérées les plus fortes n'ont sur lui aucune action.

IV. — FERMETURE AUTOMATIQUE DU BOCAL EUREKA.

Veillez à ce que l'eau affleure seulement le col des bocaux ; posez le récipient sur le feu, couvrez hermétiquement et comptez le temps de cuisson à partir du moment où l'eau entre en ébullition.

Soumis à l'action de la chaleur, l'air contenu dans le bocal se dilate, opère une pression sur le couvercle et sur le caoutchouc. Le crochet ne cède pas pour cela, mais cette pression est suffisante pour permettre à l'air dilaté de s'échapper à l'extérieur.

Laissez refroidir partiellement les flacons dans l'eau, puis enlevez-les. Quand les bocaux sont complètement froids, si la cuisson a été satisfaisante, le couvercle adhère par la pression atmosphérique. En effet il y a dans ce bocal refroidi un espace où l'air est raréfié, l'atmosphère, par suite de la différence de densité qui existe à l'intérieur du vase, exerce une forte pression sur celui-ci en même temps qu'une aspiration intérieure (par suite de cette raréfaction de l'air) et le couvercle se trouve clos

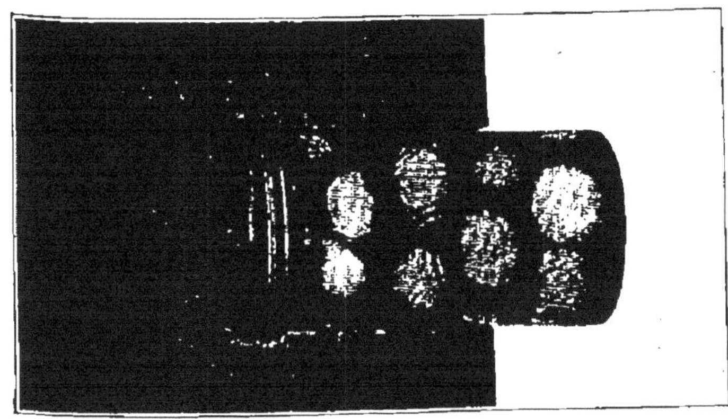

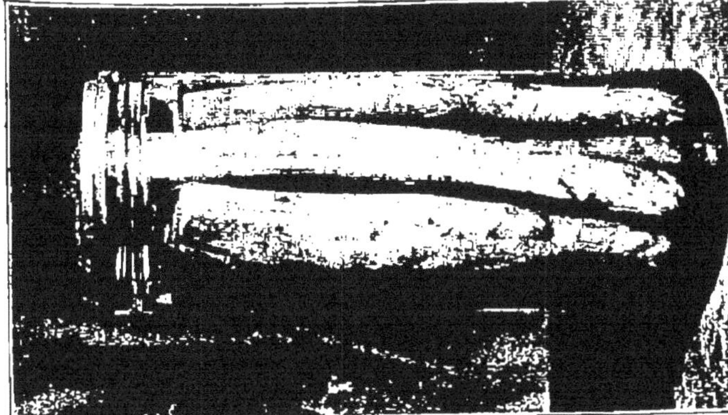

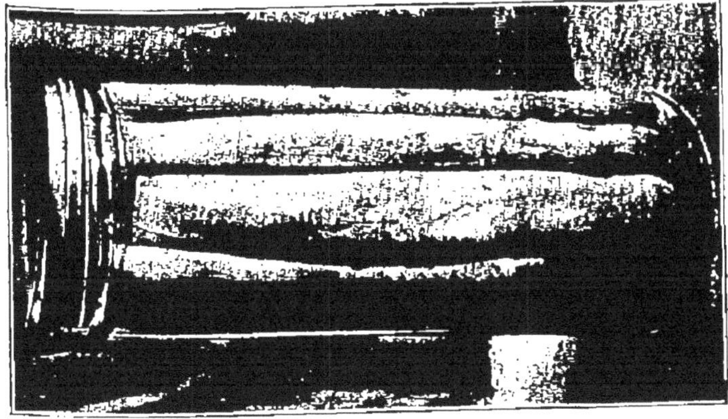

FIG. 27, 28, 29. — BOCAUX D'ASPERGES SYSTÈME ÉCLAIR, AVANT ET APRÈS LA STÉRILISATION, ET DE CHAMPIGNONS STÉRILISÉS. (De gauche à droite.) Le ressort posé maintient la fermeture hermétique. Après l'ébullition le couvercle s'est incurvé au centre. Le couvercle du flacon de Champignons (Bouchage pneumatique) est concave, indice d'une parfaite stérilisation.

FIG. 30, 31, 32. — BOLETS VÉNÉNEUX ET COMESTIBLES.

(De gauche à droite). Bolet amer (vénéneux) : chapeau étalé, irrégulier, peu bombé, pied relativement court, chair très amère. Bolet rude (coupe) : la chair a changé de couleur à l'air. Bolet comestible ou Cèpe (le meilleur des Bolets) : chapeau brun globuleux, pied gros et élevé, renflé à la base.

comme par succion ou aspiration. L'atmosphère ne cédant jamais, la pression est permanente, et le bocal est fermé d'une manière sûre, nous dit l'inventeur.

L'adhérence est si complète, que le crochet qui le fermait avant l'ébullition est devenu inutile et ne tient plus dans son arrêt. C'est donc un moyen de contrôle à la fois simple et sûr que le couvercle soit parfaitement clos alors que le crochet est libre.

Cette fermeture automatique donne les garanties suivantes :

1° Il est impossible qu'un bocal contenant des produits insuffisamment cuits, par conséquent susceptibles de s'altérer, passe inaperçu si on y porte quelque attention. Le bocal ne tiendrait alors fermé qu'à l'aide du crochet qui, dans le cas contraire, doit être libre, ce qui est facile à vérifier ;

2° Si les conserves sont placées dans un endroit humide, ou dans un local surchauffé où elles peuvent moisir ou s'altérer, le couvercle cède à la moindre fermentation, finit par s'ouvrir, de sorte qu'il suffit d'une légère surveillance pour être averti que les Conserves doivent être déplacées, cuites à nouveau ou consommées.

V. — DÉSOXYGÉNATION DES PRODUITS AVEC LE SYSTÈME PNEUMATIQUE.

Immergez complètement les bocaux dans l'eau tiède de la marmite spéciale. Le degré n'a aucune importance ; l'essentiel est qu'elle ne soit pas chaude au point de casser les flacons. Entre 20 et 40 degrés il n'y a aucun danger. Basez-vous donc sur la température d'un bain ordinaire, permettant de maintenir la main sous l'eau sans la brûler. Observez bien que l'eau recouvre les flacons de 2 à 3 centimètres, pour que l'air extérieur ne pénètre pas à l'intérieur. Chauffez lentement, et la désoxygénation qui aseptise le produit s'opère peu à peu. En effet, au fur et à mesure que la température de l'eau augmente, l'oxygène s'échappe par l'orifice ouvert des tétons et vient en bulles mourir à la surface du liquide. La pression de l'air sortant par le trou capillaire, air chassé par la chaleur, empêche aussi l'eau recouvrant les flacons de pénétrer dedans — c'est comme un soufflet constamment en fonction à l'orifice du trou. Admettons qu'à 75 degrés vous arrêtiez de chauffer, le flacon se remplit, car, par refroidissement, la pression de l'air dans le flacon diminue ; l'eau y pénètre alors d'autant plus qu'il y a déjà davantage d'air chassé du flacon par le chauffage.

Le bain doit, au contraire, durer trente à trente-cinq minutes, juste le temps que met l'eau à atteindre la température de 90 degrés, c'est-à-dire presque celle de l'eau bouillante. A ce moment l'air est complètement exclu des flacons. Supprimez alors toute communication avec l'air extérieur. Pour cela, pincez les tétons des disques *sous l'eau rissolante et au degré indiqué* — ou vissez également *sous l'eau* si vous avez choisi ce modèle. Pour les flacons à vis, cette recommandation est très importante, car, si vous sortiez les flacons du récipient, il y aurait rentrée d'air et par suite altération du produit. Pincez donc au degré indiqué :

1º Parce que le vide est assez grand pour la conservation ;

2º Pour empêcher le liquide intérieur accompagnant le produit de se vider.

Maintenant, si vous ne pinciez pas les tétons, il sortirait sans cesse des bulles. L'air des flacons étant sorti au degré indiqué, les bulles qui s'échappent au moment du pinçage ne sont que de la vapeur d'eau produite par l'évaporation du liquide accompagnant les légumes ; et ce liquide sortirait sans cesse jusqu'à complet épuisement : le flacon se viderait.

Pour aplatir les tétons servez-vous de la pince spéciale comme des ciseaux, et appuyez légèrement avec l'index sur la branche droite, mais pas de pression forte ; le téton étant en étain, le serrage trop fort le coupe. Si vous vous servez des disques à vis, serrez la vis à fond avec un tournevis. Lorsque l'eau en bouillant est une gêne pour l'aplatissement des tétons, versez un demi-verre d'eau froide dans le récipient, et le bouillonnement s'arrête aussitôt.

Dès que tous les tétons ou les vis sont fermés, chauffez encore trois minutes pour vous rendre compte que les tétons sont bien obturés ; s'ils ne le sont pas, il sort toujours des bulles d'air. C'est aussi une sécurité plus grande de le faire, car, le verre étant mauvais conducteur de la chaleur, dans les expériences faites, on a remarqué parfois une différence de 7 à 8 degrés dans l'intérieur du flacon comparativement aux parois externes. Arrêtez ou chauffez encore le temps indiqué selon la nature du produit.

Il est nécessaire que les flacons soient toujours recouverts d'eau pendant leur refroidissement pour éviter toute rentrée d'air dans le flacon qui se bouche, c'est-à-dire pendant que le disque rentre et forme joint sur le caoutchouc, *c'est l'indice révélateur qui montre que les bouchages ont été parfaitement réussis et que les tétons sont bien comprimés.*

Exemple : Légumes : chauffer jusqu'à l'eau rissolante (90 degrés environ), pincer les tétons, et continuer à chauffer quinze à trente minutes selon la nature du

LES CONSERVES A LA MAISON

légume. Indifféremment, couvrez votre récipient ou cuisez à l'air libre.

VI. — VÉRIFICATION DU BOUCHAGE PNEUMATIQUE.

L'ébullition terminée, laissez invariablement refroidir les flacons dans le bain (il faut une heure environ) et sortez-les seulement lorsque la température permet de les saisir. Resserrez fortement la capsule en les sortant de l'eau, et une heure environ après, lorsque les flacons sont froids, vérifiez si les disques sont tous enfoncés et s'ils ont pris la forme concave, second indice de réussite. Si les couvercles ne prenaient pas une forme concave, ce serait une indication et un moyen de contrôle d'une stérilisation incomplète, à laquelle il faudrait remédier en cuisant de nouveau. Cet insuccès ne pourrait être attribué qu'au caoutchouc mal placé ou tordu, qui empêche le joint de se produire, ou encore au pinçage du téton exécuté dans de mauvaises conditions.

Le flacon stérilisé donne en effet un vide à l'intérieur ou, du moins, l'air y est extrêmement raréfié et sa pression est infime ; la pression atmosphérique pesant en sens contraire sur le dessus du couvercle le fait donc enfoncer.

Quand les flacons sont presque froids, vous pouvez nettoyer la capsule filetée qui enserre le goulot, l'essuyer et la visser à nouveau si vous le jugez bon ; car elle est devenue inutile.

(52)

CHAPITRE IX

CE QU'IL EST UTILE
DE CONNAITRE

I. Les Conserves de chaque mois. || II. Recommandations générales a observer. || III. Causes principales de non réussite. || IV. Entretien du matériel inutilisé.

Il est difficile de prévoir exactement l'époque de la préparation des Conserves, la maturité des légumes étant soumise à une quantité d'influences diverses : température d'abord, milieu et exposition ensuite.

I. — LES CONSERVES DE CHAQUE MOIS.

Voici un calendrier qui vous guidera néanmoins et vous renseignera sur les époques les plus courantes de préparations de légumes, dans le centre de la France.

Janvier : Crosnes, Truffes, Endives, Céleris-Raves, Cardons (date extrême), Choux de Bruxelles.

Février-Mars : Endives, Céleris-Raves.

Avril : Morilles, Champignons de couches (et tout l'été).

Mai : Asperges (dès la première quinzaine), Persil, Estragon, Carottes, Asperges vertes, Épinards, Navets, Champignons (ceux que l'on doit acheter).

Juin : Asperges (leur conservation peut être prolongée à la rigueur jusqu'à la fin du mois lorsque le plant est jeune, mais il est préférable de l'effectuer en Mai), Concombres, Petits Pois, Choux-fleurs (ou à l'arrière-saison en Septembre), Carottes, Fèves.

JUILLET : Fèves, Laitue accommodée, Artichauts entiers, Fonds d'Artichauts, Pois sucrés, Haricots verts, Craterelles.

AOUT : Macédoine, Flageolets verts, Chevriers, Soissons et toutes les variétés de Haricots, Tomates entières et en purée (dernière quinzaine), Persil et Cerfeuil, Aubergines, Craterelles, Cèpes.

SEPTEMBRE : Oseille, Chou-fleur, Persil, Cerfeuil, Cèpes et Chanterelles, Tomates entières et en purée.

OCTOBRE : Oseille (lorsqu'il ne gèle pas), Céleris à côtes, Céleris-Raves, Salsifis, Poireaux, Bettes et Poirées, Cèpes.

NOVEMBRE : Céleris-Raves et à côtes, Cardons, Choux de Bruxelles, Salsifis, Betteraves rouges.

DÉCEMBRE : Céleris-Raves, Endives, Crosnes, Truffes.

Nous indiquerons, en outre, dans la partie de ce volume consacrée aux Conserves condimentaires les époques de préparation de ces produits.

II. — RECOMMANDATIONS GÉNÉRALES A OBSERVER.

La première condition, pour réussir, est de procéder à la conservation des légumes à l'époque où ceux-ci se trouvent en pleine maturité.

Cette époque varie avec les climats, la température par conséquent ; et les variétés de légumes cultivées, puisque le jardin est doté d'espèces hâtives et tardives.

Les produits du Midi et de l'Algérie mûrissent les premiers ; la Bretagne, grande productrice d'Artichauts, de Pommes de terre, d'Oignons, d'Aulx, de Tomates vient après ; quant aux dates de production des autres contrées, elles s'échelonnent à quelques jours de distance et il est impossible d'en déterminer l'époque d'une façon absolue ; il suffit de suivre les conseils suivants :

1° Surveillez attentivement la végétation des légumes aux approches de la maturité.

2° Tenez compte de la température dans laquelle les plantes ont accompli leur croissance ; la trop grande humidité leur est absolument défavorable.

3° N'employez que les légumes sains, mûrs à point sans excès.

4° L'expédition dans des emballages, panier ou autre, favorise l'échauffement. A l'arrivée de ceux-ci assurez-vous de leur état. La couche inférieure a une température d'autant plus élevée que le voyage a été plus long et que l'atmosphère est chaud.

5° Ne les laissez jamais dans leur emballage jusqu'au lendemain, mais étendez-les plutôt dans un local frais pour qu'ils s'aèrent et reprennent un peu leur fraîcheur naturelle.

6° Ne laissez pas les légumes trop longtemps en contact avec l'eau du lavage surtout ceux qui ont été pelés.

7° Blanchissez indistinctement les produits dans un récipient couvert, même les plus fins, le temps de blanchiment doit être proportionné à leur grosseur.

8° Entourez les produits des soins les plus grands de propreté, c'est un des facteurs les plus influents du résultat.

9° Vérifiez et nettoyez minutieusement les récipients avant leur utilisation.

10° Après la mise en flacons ne mouillez jamais les légumes avec leur eau de blanchiment.

11° Complétez le matériel d'un bouilleur qui simplifie le travail et augmente considérablement les chances de succès pour les systèmes à fermetures hermétiques.

12° Ne stérilisez pas ensemble des bocaux de dimensions différentes, les produits des grands seraient à point lorsque le contenu des petits serait trop cuit.

13° Observez judicieusement le temps de cuisson et faites bouillir l'eau d'une façon continue sans arrêt ni fléchissement. Ce temps de cuisson ne part que du moment où l'eau entre en ébullition.

14° Rappelez-vous que moins il y a de liquide dans vos bocaux, plus lente est l'action de la chaleur.

15° Placez les bocaux dont vous vous êtes assuré de la fermeture dans un local sain; un placard, un cellier non humide leur convient particulièrement.

16° Pour les préparations d'hiver, notez encore la sensibilité relative des légumes aux gelées excessives. Cet état influence défavorablement les qualités futures, n'employez donc pas de légumes gelés et même dégelés.

17° N'ayez pas une trop grande avance de couvercles avec joints plastiques si vous ne disposez pas d'un local sain, une haute température les dessèche.

III. — CAUSES PRINCIPALES DE NON-RÉUSSITE.

Si vous suivez exactement les prescriptions indiquées dans les différentes parties de ce volume et dans ceux qui suivront, vous devez réussir à coup sûr. Mais, par suite d'un manque d'attention dans le bouchage des flacons, d'un déplacement de ceux-ci ou d'une ébullition incomplète, des bocaux peuvent s'ouvrir le lendemain ou plusieurs jours après la préparation.

1er *cas : Le lendemain de l'ébullition, vous constatez en enlevant le ressort que le couvercle se soulève.* — Cela est dû : *a*) à la bague libre de caoutchouc qui peut s'être roulée ou échappée, ou que la bague fixe et adhérente au couvercle est mal posée sur celui-ci ou défectueuse ; *b)* à une ébréchure du bord du flacon, ou à une fêlure de celui-ci qui se produit souvent à la base ; *c)* à un couvercle percé ou à un bord mal conditionné ; *d)* à une impureté ou à un fragment de légume interposé entre le joint de caoutchouc, le flacon et le couvercle ; *e)* au remplissage exagéré des flacons. Après avoir constaté la cause, vous pouvez, en supprimant celle-ci, procéder à une nouvelle ébullition ou préférablement consommer de suite le contenu du flacon.

2ᵉ cas : Vous constatez que le couvercle est parfaitement fixé le lendemain de la préparation des Conserves ; mais après un délai de cinq à vingt-cinq jours (délai court si le local est chaud, plus long s'il est frais) il s'établit une fermentation putride dont les gaz soulèvent et font ouvrir le couvercle. — Cela est dû : *a)* principalement à une durée trop courte d'ébullition, par conséquent à une stérilisation incomplète ; *b) accessoirement* au rangement des flacons dans de mauvaises conditions de milieu, ou trop chaud, ou trop humide. Détruire immédiatement le contenu des flacons qui se sont ainsi ouverts et qu'il serait dangereux de consommer.

IV. — ENTRETIEN DU MATÉRIEL INUTILISÉ.

Après usage des verres, marmites et bouilleur, il convient que vous les nettoyiez proprement ainsi que les couvercles et les rondelles, ce matériel étant le plus souvent remisé à la cave.

Lavez les verres à l'eau de cristaux très chaude, rincez-les grandement à l'eau chaude toujours de façon à enlever le goût du légume qu'ils contenaient.

LES CONSERVES A LA MAISON

Essuyez-les aussitôt avec une serviette très fine. Rien ne doit subsister pour qu'ils ne prennent aucune odeur.

Lavez les caoutchoucs mobiles à l'eau très chaude si vous pensez les employer à nouveau et passez-les sur une bande de fort carton sans trop les tendre.

Soignez plus particulièrement les couvercles ; après un lavage et un essuyage minutieux, graissez-les pour que la rouille ne les attaque pas.

Si vous n'employez pas fréquemment la marmite ou bouilleur, aussitôt qu'il est parfaitement sec graissez-le également en prévision de la rouille.

CHAPITRE X

RANGEMENT DES BOCAUX
ET EMPLOI DES CONSERVES

I. Où loger les bocaux de Conserves. || II. Comment ouvrir les différents flacons. || III. Avant d'accommoder les légumes. || IV. Pour préparer les asperges conservées.

Dès que vous vous êtes assuré de la fermeture, essuyez chacun des bocaux, car l'eau laisse un dépôt blanchâtre autour des parois. Marquez-les d'une étiquette indicatrice si vous faites des préparations à dates échelonnées, de façon à prendre en premier les plus anciennes ou si vous sériez en choix gros, moyen et fin. Vous avez ainsi sans recherche la qualité que vous désirez.

I. — OU LOGER LES BOCAUX DE CONSERVES.

Le local idéal pour entreposer les bocaux est un endroit sec et sain, obscur, où la température n'est pas soumise à de brusques variations : un placard, une petite alcôve, au besoin un cellier peuvent remplir cet office.

Je vous déconseille absolument de les laisser à l'air libre, sur les planches hautes de la cuisine, la température y est trop surchauffée et trop variable.

LES CONSERVES A LA MAISON

Ne les placez jamais non plus dans un endroit humide, parce qu'une station prolongée dans un local aussi peu propice aux Conserves de toute nature est susceptible de provoquer la fermentation. Si vous pratiquez la préparation des Conserves sur une échelle assez large, laissez les bocaux stérilisés en observation dans un placard, pendant huit jours environ.

Bien que le cas se produise rarement, il peut arriver, avec les bocaux à fermeture hermétique, qu'un légume entre en fermentation cinq ou six jours après, et pour cause : caoutchouc mal placé, tordu ou échappé de la rigole, stérilisation mal conduite. Dans la masse, rangé, et catalogué au lendemain de la stérilisation on ne le soupçonne pas, et comme les bocaux sont peu manutentionnés il passe inaperçu et devient un voisin dangereux pour les autres.

Placez les bocaux verticalement en ligne; si la place vous manque vous pouvez faire chevaucher plusieurs rangées les unes au-dessus des autres. A l'exemple des boîtes en fer vous pouvez, par contre, coucher les flacons du bouchage pneumatique dans les placards, et alignés ainsi les uns sur les autres, ils demandent le minimum de place.

II. — COMMENT OUVRIR LES DIFFÉRENTS FLACONS.

Bouchage Eclair. — Vous pouvez enlever le couvercle de deux façons différentes : avec un couteau spécial à Conserves, en agissant absolument comme s'il s'agissait d'une simple boîte du commerce, ou bien avec un couteau de cuisine à lame plutôt ronde qu'effilée, que vous glissez sous les bords du couvercle, entre celui-ci et le bocal. Faites, dans ce dernier cas, une légère pesée et le simple relèvement d'un point du bord fait qu'il cède aussitôt sans difficulté.

Cette manière d'opérer vous permet d'utiliser les couvercles à bague en caoutchouc mobile plusieurs fois pour les Conserves, puisque ceux-ci n'ont subi aucune détérioration, tandis qu'avec le couteau à Conserves ils sont absolument perdus. Les couvercles à joint plastique ne peuvent servir qu'une fois.

Bouchage Eureka. — Au moment de la consommation des Conserves, il vous suffit de faire une pression sur la bague de caoutchouc, en introduisant un bout de bois, une lame de couteau, afin de laisser pénétrer l'air : le couvercle s'ouvre alors sans difficulté.

Les anneaux en caoutchouc sont inutilisables l'année suivante, tandis qu'il suffit d'un simple lavage à la soude pour remettre le bocal en état ; celui-ci peut donc être utilisé à nouveau dès qu'il est libéré de son produit.

Bocaux à fermeture pneumatique. — Pour ouvrir les flacons à téton, coupez le disque en étain avec un couteau. Quant à ceux avec le disque à vis, retirez la capsule filetée ou bague du flacon, dévissez légèrement la vis du milieu du disque afin de faire rentrer l'air, qui permet de retirer facilement le couvercle en le soulevant un peu avec la pointe d'un couteau. Tandis que le disque à téton est inutilisable après l'ouverture, les disques à vis ont le grand avantage d'être toujours utilisables. La capsule filetée, dans les deux cas, peut servir indéfiniment.

Il arrive parfois, au moment de l'ouverture des flacons, que vous éprouvez de la difficulté à retirer la capsule filetée (cela arrive lorsque vous avez omis de la graisser), il suffit simplement que vous frappiez doucement sur la

LES CONSERVES A LA MAISON

capsule avec une baguette de bois en inclinant le bocal
et elle cède alors facilement.

III. — AVANT D'ACCOMMODER LES LÉGUMES.

Les légumes conservés à la maison peuvent être préparés autrement que ceux du commerce avant de les
accommoder. Afin de vous permettre de les déguster avec
toutes les qualités des légumes frais, il convient pour les
uns tels les Asperges, fonds d'Artichauts, Carottes, Pois,
Céleris, Salsifis, Cardons, Navets, de les faire simplement
réchauffer au bain-marie en plongeant les flacons dans
l'eau douce, jusqu'à ce qu'elle arrive au degré d'ébullition. L'Oseille, les Céleris-Raves, la Laitue sont ouverts
et chauffés directement dans les ustensiles de cuisine.

Pour les autres, tels les Endives, les Choux et Haricots,
après avoir ouvert les flacons, versez les légumes dans
une passoire à pieds, lavez à grande eau froide et plongez-
les dans l'eau bouillante salée pendant dix minutes seulement. Egouttez alors sur la passoire et secouez les
légumes pour faire écouler le plus d'eau possible,
mettez dans une sauteuse à feu vif et clair et lorsque vous
constatez que l'eau est complètement disparue, ajoutez
du beurre frais divisé en petits morceaux. Le beurre ne
doit plus cuire, ni les légumes, c'est la chaleur de ceux-ci
qui doit le fondre. Versez dans le légumier très chaud.

IV. — POUR PRÉPARER LES ASPERGES CONSERVÉES.

Un exemple n'est pas de trop ; lorsque vous déciderez
de consommer vos provisions d'Asperges, procédez ainsi :
dans un grand récipient plus haut que les vases à Conserves et rempli d'eau chaude, placez les flacons d'Asperges

que vous destinez à la consommation ; laissez-les ainsi jusqu'à ce que l'eau ait atteint son degré d'ébullition. A ce point, enlevez-les de la bassine ; enroulez-les dans un chiffon épais, afin d'éviter la brûlure, et débouchez successivement chaque flacon.

Cela fait, retournez verticalement votre bocal dans une passoire à pieds, de manière que les pointes d'Asperges occupent la partie supérieure, et laissez l'eau s'écouler pendant trois à quatre minutes, puis soumettez ensuite le légume à telle préparation que vous préférez.

Cette manière de réchauffer les légumes au bain-marie a, sur les autres, un grand avantage : elle leur garde leur saveur et leur finesse, alors qu'une conserve plongée dans l'eau de sa cuisson et chauffée à grand feu devient dure et perd ses qualités.

DEUXIÈME PARTIE

LES CHAMPIGNONS

CHAPITRE XI

LES CÈPES, BASE DE PLATS MÉRIDIONAUX

I. Les meilleurs Cèpes a conserver. || II. Différentes manières de préparer les Cèpes. || III. Cèpes au naturel. || IV. Préparez l'eau du blanchiment. || V. Cèpes a l'huile et a la provençale. || VI. Dessiccation des Cèpes.

Bien que la pratique des Conserves de Champignons soit plus restreinte que celle des Légumes, les cas sont nombreux où il peut être intéressant et profitable d'en préparer ; cela justifie les conseils que vous allez lire.

La production des Cèpes est assez irrégulière, comme toutes celles des Champignons du reste.

Je suppose que vous savez distinguer les Champignons comestibles des Champignons vénéneux ; s'il en était autrement, il serait trop imprudent que vous en prépariez des Conserves ; aussi, *ne gardez que ceux dont vous êtes*

LES CONSERVES A LA MAISON

absolument sûre, car les variétés vénéneuses sont très nom-breuses et par trop dangereuses.

I. — LES MEILLEURS CÈPES A CONSERVER.

Je vous rappellerai cependant quelques caractères des Cèpes. Il existe plusieurs variétés comestibles; les plus connues sont : le *Cèpe tête de Nègre;* le *Cèpe de Bordeaux;* le *Cèpe bai brun.*

Le Cèpe dit *Tête de Nègre* a la chair très ferme et très saine, une pelure très adhérente de couleur chocolat et d'aspect grenu, un chapeau très bombé, à pied court et trapu. Dans cette variété, le dessous du chapeau (ce qu'on nomme vulgairement « le foin » par analogie avec le foin des Artichauts) est d'un blanc crayeux qui jaunit à peine lorsque le Champignon se développe. Le Cèpe tête de nègre n'est pas meilleur que les autres, mais il est en général plus beau, plus sain et se conserve fermé jusqu'à son extrême maturité. Il ne se pèle pas, et il est préférable de lui laisser son foin, cependant, avant de l'employer, essuyez-le fortement avec un linge.

Le *Cèpe de Bordeaux*, très charnu, nain, de forme moins incurvée que le Tête de nègre, a une pelure visqueuse et lisse d'un ton marron foncé, qui se détache à la façon d'une peau d'amande fraîche lorsque le Champignon mûrit. Jeune, le *Cèpe de Bordeaux* a un foin blanc qu'il faut également conserver. Ce foin devient d'un jaune verdâtre en mûrissant; à cet état d'avancement, supprimez-le.

A maturité trop complète, le Cèpe de Bordeaux est mou, spongieux et cotonneux, et cette transformation nuit beaucoup à sa qualité. Pelez-le avant de l'employer.

Le Cèpe appelé *Bai brun* a une pelure marron clair se

déteignant par place, jusqu'à prendre une nuance chamois lisse et se détachant facilement comme celle du *Cèpe de Bordeaux*, mais beaucoup moins visqueuse. Le foin est jaune pâle d'abord, puis verdit très vite et le pied long va s'amincissant vers l'attache du chapeau. Épluchez ce Cèpe comme le Cèpe de Bordeaux. J'ajouterai que le Cèpe Bai brun a les mêmes défauts — dans sa maturité qui est précoce — que le précédent.

L'essentiel est d'employer les Cèpes frais, avec toutes leurs qualités, et de rejeter, du choix que vous pourriez avoir fait, les sujets douteux, passés et véreux.

II. — DIFFÉRENTES MANIÈRES DE PRÉPARER LES CÈPES.

Les Cèpes sont d'autant plus précieux en cuisine que leur chair délicieuse s'accommode parfaitement de préparations diverses. C'est ainsi qu'il est possible de les conserver au beurre, au naturel, à la provençale, à la crème et par la dessiccation. Suivant la préparation à laquelle vous le destinez, le Cèpe est coupé de différentes façons ; tantôt avec le chapeau entier en le séparant du pied, tantôt avec le chapeau divisé en lamelles, tantôt sectionné en quartiers.

Le plus grand ennemi des Cèpes est le ver ; il y a des années où tous les Cèpes sont véreux, d'autres, au contraire, où quelques-uns sont atteints seulement ; n'importe, il est nécessaire de conserver exclusivement les Cèpes sains.

De toute façon, c'est l'examen de la tranche coupée qui montre si le Champignon est oui ou non « véreux ». La présence du ver est signalée par des piqûres assez semblables à celle d'une épingle. Le ver s'introduit presque toujours dans le pied, ce qui fait que lorsque vous trou-

LES CONSERVES A LA MAISON

vez une tranche saine en séparant le pied du chapeau, vous pouvez pronostiquer que ce dernier n'est pas touché.

SUCCESSION DES OPÉRATIONS. — CÈPES AU NATUREL. *Prenez les Cèpes de moyenne grosseur, choisissez les plus fermes, nettoyez, séparez le pédoncule du chapeau et enlevez la partie terreuse, mettez-les tremper dans un bain acidulé. Rafraîchissez à l'eau courante, blanchissez, raffermissez, égouttez et mettez en flacons. Bouchez et stérilisez.* — CÈPES A L'HUILE. *Remplacez la saumure par de l'huile d'olive chaude et facultativement ajoutez des aromates.* — CÈPES A LA PROVENÇALE. *Après le raffermissage, hachez l'ail et mettez-les fondre dans une poêle. Sautez les Cèpes. Mettez en flacons, mouillez. Bouchez et stérilisez.* — CÈPES A LA CRÈME. *Remplacez le bouillon par de la crème, bouchez et stérilisez.*

III. — CÈPES AU NATUREL.

Prenez de beaux Cèpes bien développés et de moyenne grosseur, sans qu'ils soient pour cela trop avancés. Choisissez les plus fermes et rejetez les sujets véreux. Isolez la queue du chapeau et laissez celui-ci entier. Quand les Cèpes sont frais, faites comme pour les Champignons comestibles, ne les épluchez pas, ils sont inoffensifs ; du reste plus ils sont frais cueillis, moins bien ils s'épluchent, c'est une indication précieuse.

Au fur et à mesure que vous détachez les chapeaux, jetez-les dans un récipient contenant de l'eau acidulée, (Chap. vi, § 6), enlevez en dernier la partie terreuse des pédoncules et coupez ceux-ci dans le sens de la longueur.

IV. — PRÉPAREZ L'EAU DU BLANCHIMENT.

Au cours de l'épluchage, mettez de l'eau à bouillir pour

le blanchiment des Cèpes et faites-les blanchir pendant six minutes dans le bain légèrement salé.

Je ne vous conseille pas d'ajouter à l'eau du blanchiment telle substance ou matière qui vous permettrait de constater la nocivité des Champignons parce que le passage dans l'eau est trop court et que les produits employés dénaturent toujours et enlèvent un peu le parfum naturel des légumes.

Rafraîchissez les Cèpes après le blanchiment et faites-les égoutter ensuite sur le tamis, avant de les mettre en flacons. Employez des bocaux de petite taille d'une contenance d'un demi-litre environ. Commencez d'abord par placer les chapeaux avec la spatule, montez au-dessus les pédoncules fractionnés, mouillez de saumure (Chap. VI, § 5) légèrement salée. Pour les bocaux du bouchage pneumatique, litres et demi-litres, *bouchez, désoxygénez jusqu'à 90 degrés, pincez les tétons, ébullitionnez trente minutes et laissez refroidir dans le bain. Les bocaux d'un demi-litre à fermeture hermétique demandent une heure et demie d'ébullition, ceux d'un litre une heure un quart. Ne pas laisser refroidir dans le bain.*

V. — CÈPES A L'HUILE ET A LA PROVENÇALE.

Répétez les mêmes manutentions que pour les Cèpes au naturel, mais remplacez la saumure par de l'huile d'olive chaude.

Si vous aimez les aromates, ajoutez une demi-feuille de Laurier, quelques grains de Poivre blanc entiers, une petite pointe de Clou de Girofle. *Bouchez, désoxygénez jusqu'à 90 degrés, pincez les tétons, ébullitionnez dix minutes seulement en laissant refroidir dans le bain. Même temps de cuisson que précédemment pour les fla-*

cons à fermeture hermétique, ne pas laisser refroidir dans le bain.

Pour préparer les Cèpes à la provençale, aussitôt qu'ils sont épluchés et lavés, mais sans être blanchis, égouttez-les. Pendant ce temps, hachez finement trois gousses d'ail. Mettez dans une poêle environ 300 grammes de beurre pour 1 kilogramme de Cèpes et dès que celui-ci est fondu et chaud, sans pour cela être roux, glissez-y les têtes des Cèpes, en les appuyant avec la cuiller de bois pour qu'elles s'imprègnent suffisamment de beurre.

Après cinq minutes de cuisson, lorsqu'elles commencent à devenir molles, retirez-les du feu et remplacez-les par les pédoncules. Parvenus au même degré de cuisson que les chapeaux ou têtes, mêlez le tout ensemble et ajoutez le hachis d'ail et d'échalotes. Salez, poivrez, sautez pendant cinq minutes ; retirez du feu et mettez en flacons aussitôt.

Je vous conseille d'ajouter seulement le persil lorsque vous consommez les Cèpes, parce que son parfum change trop en cuisant.

Répartissez assez régulièrement le hachis parmi les Cèpes afin qu'ils en soient tous enrobés, mouillez avec le jus de cuisson auquel vous ajoutez un peu de bouillon clarifié (Chap. VI, § 7) s'il est peu abondant. Pour les flacons du bouchage pneumatique : *bouchez, désoxygénez jusqu'à 90 degrés ; pincez les tétons, ébullitionnez vingt minutes et laissez refroidir dans le bain.*

Même temps de cuisson pour cette préparation que pour les Cèpes au naturel et à l'huile, mis dans les bocaux à fermeture hermétique.

Pour la préparation des Cèpes à la crème, procédez absolument de la même façon ; seulement, remplacez le bouillon par dé la crème épaisse délayée dans quelques cuillerées de lait. Sautez quelques minutes avant de mettre en flacons afin que les Cèpes soient parfaitement enrobés de hachis et de sauce.

VI. — DESSICCATION DES CÈPES.

C'est la Conserve la plus simple, puisqu'elle consiste uniquement à sectionner les légumes après un nettoyage préalable et à laisser ceux-ci se dessécher à leur guise ; seulement, avant de consommer les Cèpes, il est indispensable de les mettre tremper à l'eau très chaude pendant une heure ; tandis que la stérilisation vous donne la faculté de consommer les Champignons avec toutes leurs qualités de fraîcheur et de parfum.

Pour faire sécher les Cèpes, divisez-les en lamelles ; plus elles sont minces, plus la dessiccation est rapide. Pelez-les et enlevez le foin. Étalez ensuite ces tranches de Champignons les unes à côté des autres, en semis (et non en tas) sur des planches, et exposez-les au soleil. Quand elles sont sèches d'un côté, tournez-les de l'autre. Pour que la dessiccation soit complète, les lames de Cèpes doivent être légères et craquantes comme ces pâtisseries qu'on nomme des « oublies ». A cette condition seulement les Champignons, enfermés dans des sacs, se conserveront sans que vous ayez à craindre aucune altération ; au contraire s'ils gardent la plus légère humidité ils moisissent.

Dans les contrées où l'on ramasse les Cèpes, quantité de personnes se livrent à la vente de ce Champignon séché ; ils laissent le foin et la pelure, le sectionnent en tranches épaisses d'au moins 6 millimètres et le sèchent également au soleil. Vous pouvez aussi passer les lamelles dans un fil et les faire sécher en chapelet comme les Morilles, mais elles se collent souvent alors les unes aux autres et se sèchent mal.

Le Cèpe conservé par la dessiccation n'a pas le goût du Cèpe frais ou conservé ainsi que nous l'avons décrit précédemment; il ne convient pas à la cuisine fine, aux sauces très délicates; mais il peut rendre de grands services, à la campagne, pour les mets courants, et parfume agréablement un ragoût de viande ou un gratin de poisson.

FIG. 33. — CHANTERELLES COMESTIBLES.

Coupe verticale et médiane de deux grosses Chanterelles.

FIG. 34 — CHANTERELLES COMESTIBLES.

La forme diffère sensiblement des précédents échantillons.

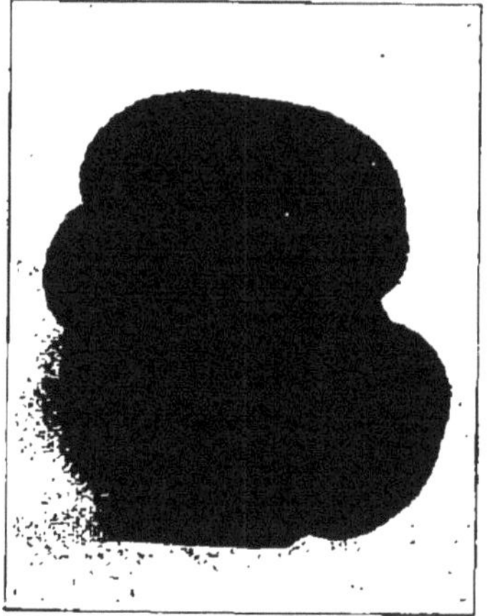

FIG. 35, 36. — DIFFÉRENTES FORMES DE TRUFFES.

Ne prenez pas les tubercules mal formés, les crevasses dissimulant souvent les attaques des vers et des maladies. Écartez aussi les sujets légers, sans parfum, de couleur roussâtre.

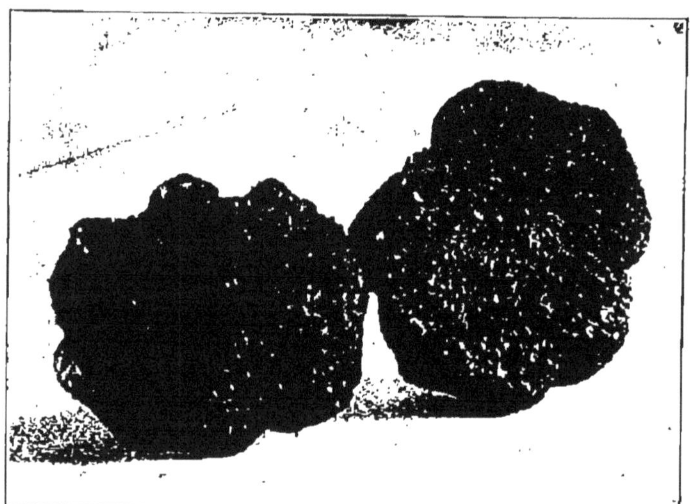

FIG. 37. — COUPE DE LA TRUFFE NOIRE DU VAUCLUSE.

La chair violet foncé est marquée d'innombrables veines blanches qui sont les enveloppes des petites spores reproductrices.

CHAPITRE XII

LES CHANTERELLES
ET LES CRATERELLES

I. Préparez les chanterelles comme les cèpes. ‖ II. Récoltez les craterelles de juillet a septembre. ‖ Succédané de la truffe a réduire en poudre.

Voici deux Champignons d'allure et d'utilisations fort différentes. La Chanterelle est presque aussi employée en cuisine que les Cèpes, comme base de véritable accompagnement de plats. La Craterelle l'est infiniment moins, bien qu'intéressante puisqu'elle constitue un succédané de la Truffe, mais considérez-la surtout comme un Champignon exclusivement condimentaire.

I. — PRÉPAREZ LES CHANTERELLES COMME LES CÈPES.

La Chanterelle comestible, nous dit le Dr Laval[1], est après le Champignon de couche et avec les Cèpes le plus répandu et le plus consommé.

Dès le début de l'été jusqu'à la fin de l'automne vous voyez apparaître « ce Champignon jaune d'or au chapeau coquettement retroussé et frisé ».

1. *Vie à la Campagne :* Les Chanterelles et le Charbonnier, vol. ii, nº 2, p. 38.

LES CONSERVES A LA MAISON

Dans les bois, les tout jeunes sujets, en familles de plusieurs individus, sont blottis les uns contre les autres, les plus gros recouvrant les plus petits. Un peu partout, au hasard dans les bois, au pied des arbres, dans le lierre, la mousse ou les bruyères, au bord des sentiers même, bref dans tous les endroits ombragés et un peu frais, ils apparaissent, ces prolifiques individus avec leur chapeau légèrement bombé, parfois creusé en calice, à bord replié, luisant, à peine teinté de blanc crème, lorsque le temps est sec, d'un jaune d'œuf et même rougeâtre, par les temps humides. Le diamètre du chapeau est de 5 à 9 centimètres. Les feuillets, de la même couleur que le chapeau, descendent en s'amincissant à des hauteurs variables, le long du pied ; ils sont épais, irrégulièrement réunis entre eux ; parfois ils sont comme plissés. Le pied, jaune, est d'ordinaire épais et assez court ; il mesure de 2 à 4 centimètres de hauteur et de 5 à 10 millimètres de diamètre ; cylindrique à sa portion moyenne, il va en s'élargissant vers le chapeau et, au contraire, en s'amincissant en cône à sa partie inférieure. La chair est blanche, filandreuse, au point que si vous arrachez une portion du chapeau, vous verrez venir en même temps la partie du pied qui est en continuité de fibres avec elle. La saveur est piquante ou poivrée, en tout cas agréable. Enfin l'odeur est assez forte. Les uns ont comparé ce parfum un peu sauvage à celui de la prune, d'autres à celui de l'abricot. En réalité, c'est un parfum forestier, quelque peu poivré, mais, encore qu'il soit indéfinissable, il est bien spécial et se reconnaît de loin pour qui l'a perçu une fois.

A mesure qu'elle vieillit, la Chanterelle redresse ses bords, s'épanouit, et son pourtour tend de plus en plus à se relever ; le centre du chapeau se creuse, au point de devenir une sorte d'augelette qui se comble de rosée ou

LES CHANTERELLES ET LES CRATERELLES

de pluie pour les petits hôtes de la forêt. En même temps, le Champignon revêt une teinte jaune ocreuse ; la chair se fait coriace, l'odeur devient très forte. Jamais les vers ou les limaces ne s'attaquent à cet excellent comestible.

Après lavage et épluchage minutieux, conservez les Chanterelles comme les Cèpes ; toutes les préparations décrites précédemment leur sont également applicables.

Les Chanterelles s'ajoutent très bien à une blanquette de veau, au filet de bœuf, à l'omelette.

II. — RÉCOLTEZ LES CRATERELLES DE JUILLET A SEPTEMBRE.

La Craterelle est une sorte de Champignon d'une réelle valeur condimentaire. Sa chair légèrement membraneuse est parfumée très agréablement et son fumet rappelle celui de la Truffe. Il est connu sous les noms vulgaires de Corne d'Abondance ou de Trompette des Morts, appellations qu'il doit en partie à sa forme à la fois trompette ou corne. La Craterelle a le chapeau au ton gris fumée ou de suie garni de fines écailles brun noir en dessous, le pied est glabre et creux.

Malgré son aspect peu engageant, ce Champignon est tout à fait inoffensif ; voici du reste quelques indications qui vous permettront de le reconnaître.

La Craterelle apparaît dans les forêts par touffes larges dès Juillet et sa végétation se prolonge jusqu'en Octobre ; mais c'est surtout en Août et Septembre qu'il est préférable de les conserver.

Ces Champignons sont généralement peu ramassés, leur teinte noir foncé étant peu attirante, car après la pluie, en effet, les Craterelles sous l'action de l'humidité noircissent.

LES CONSERVES A LA MAISON

III. — SUCCÉDANÉ DE LA TRUFFE A RÉDUIRE EN POUDRE.

Cueillez-les aussitôt leur sortie de terre, alors qu'elles sont gris fumée.

Considérez les Craterelles comme un condiment plutôt que comme aliment. C'est sous cette forme que vous devez les associer aux plats, et c'est principalement pour cet usage qu'il est intéressant de les conserver.

Procédez dans ces conditions à leur nettoyage de la façon suivante :

Coupez la partie terreuse du pédoncule et grattez finement le chapeau pour faire tomber les corps étrangers. Si quelques Craterelles vous semblent trop avancées, rejetez-les de votre choix, mais rappelez-vous que la Craterelle est encore bonne lorsqu'elle a perdu son velouté gris fumée, vous vous en rendrez compte en coupant le pied. Si la chair est encore fine et grise, ce Champignon peut être conservé.

Séchez les Craterelles comme les Cèpes ou préparez-les comme les Truffes et associez-les à volonté aux ragoûts; mais comme leur chair est plutôt un peu résistante, leur emploi en poudre est à conseiller. Pour les conserver sous cette forme, séchez-les parfaitement et, dans cet état, réduisez-les en poudre fine avec le rouleau à pâtisserie. Mettez alors cette poudre en flacons que vous utilisez pour les sauces. Plusieurs cuillerées de cette poudre dans les sauces ou autres apprêts culinaires les parfument d'un arome rappelant celui de la Truffe, ce que vous apprécierez en raison du prix très bas de revient de ce moins brillant satellite du diamant noir de la cuisine.

(76)

CHAPITRE XIII

LES MORILLES, CHAMPIGNONS
DES GOURMETS

I. Production et cueillette des Morilles. ‖ II. Formes et couleurs des Morilles. ‖ III. Laissez entières les petites Morilles. ‖ IV. Sectionnez les grosses Morilles.

C'est un Champignon exquis dont le seul défaut est d'être fugace. Dès Avril, il pousse dans les clairières et sur la lisière des bois. Ses partisans sont légion et le recherchent avec ténacité, de même que tous les gourmets l'apprécient pour son goût particulièrement fin et délicat, qu'on ne peut comparer ni aux autres Champignons, ni aux Cèpes. Il est très facile d'en prolonger artificiellement la saison, en le préparant comme les autres légumes, puisqu'il a les mêmes exigences.

A la campagne, on le conserve le plus souvent sans aucune préparation spéciale. Aussitôt la cueillette, les Morilles sont enfilées en chapelet par la base et suspendues dans un local sec et aéré, où elles se dessèchent naturellement et sans aucun secours. Quand vient le moment de les consommer, il suffit de plonger le chapelet dans l'eau bouillante pour qu'elles reprennent un peu de leur turgescence primitive.

LES CONSERVES A LA MAISON

Bien que ce procédé ait beaucoup d'adeptes, je préfère la méthode ci-dessous, un peu plus longue, parce que les Morilles conservent intégralement forme et parfum. Il suffit de les nettoyer minutieusement, de les plonger dans un bain acidulé, de les ébouillanter, de les mettre en flacons et de les stériliser comme les Champignons cultivés.

SUCCESSION DES OPÉRATIONS. — Rafraîchissez le pied terreux des Morilles, fractionnez les grosses, conservez les petites entières. Lavez-les à l'eau acidulée et à l'eau claire ensuite ; faites pocher à l'eau bouillante ; levez, égouttez sur une passoire ou un tamis. Mettez en bocaux ; bouchez et stérilisez.

I. — PRODUCTION ET CUEILLETTE DES MORILLES.

« Ne cueillez pas les Morilles dans la rosée, mais à l'heure où le premier coup de soleil aura séché les Champignons et porté leur arome à son maximum d'intensité », dit André Theuriet ; donc, lorsqu'en Avril vous constatez une température douce, vous pouvez faire votre commande au « coureur des bois », qui, moyennant un prix modique, vous apportera telle quantité que vous désirerez ou qu'il trouvera ; à moins que vous ne préfériez aller vous-même à la recherche de ce précieux Cryptogame.

Avec les Morilles, il n'est guère possible de faire un choix, de les « sérier » aussi minutieusement qu'on le fait avec les légumes du potager : tirez le meilleur parti de ce que vous aurez. Il reste entendu qu'un choix homogène est mieux qu'un mélange ; aussi je vous conseille, lorsque vous commandez celles-ci, d'en prendre une quantité supérieure à celle que vous prévoyez utiliser en Conserve ; ce supplément vous permettra de mieux équilibrer les tailles et de répartir les grosseurs étant entendu que vous avez l'emploi immédiat des autres en cuisine.

II. — FORMES ET COULEURS DES MORILLES.

La Morille a la forme d'un petit cône surélevé, tantôt noirâtre, tantôt grisâtre ou roux fauve. Ces différentes couleurs n'indiquent rien de précis ; toutes sont également exquises et peuvent être employées sans distinction. Le chapeau conique, de formes variables, creusé d'alvéoles — rappelant vaguement les cellules de cire d'abeilles — coiffe un pied blanchâtre très cartilagineux. Ce pied étant entièrement comestible, si vous recherchez vous-même les Morilles, coupez-les sous la terre avec un couteau. Vous n'éprouveriez aucune difficulté à les arracher du sol avec les mains ; mais la chair des Morilles est d'une grande fragilité et se brise net.

La taille et le poids des Morilles diffèrent sensiblement; dans une provision, il en est de moyennes et de grosses. Les moyennes semblent plus parfumées et meilleures; aussi, pour concilier ces différences, triez-les au mieux et faites deux choix : moyen et gros, et conservez chacun d'eux séparément. Les sujets moyens sont ordinairement conservés entiers et les gros sont fractionnés ; conservez également les petites seules.

Cette sélection vous donne la faculté d'employer de suite les Champignons légèrement atteints par les insectes, car les Morilles sont la proie d'une quantité de petites bestioles qui les dévorent littéralement, lorsqu'elles ne sont pas cueillies à temps.

Notez que ce Cryptogame est excessivement délicat quant à son parfum ; nous retrouvons, en effet, dans sa préparation, la même exigence que pour les Champignons ordinaires : la fraîcheur absolue.

N'attendez donc pas au lendemain pour faire vos Conserves ; préparez-les le jour même de leur cueillette, si vous voulez les avoir avec toutes leurs qualités.

III. — LAISSEZ ENTIÈRES LES PETITES MORILLES.

Bien que le triage des Morilles demande peu de temps, avant de l'effectuer, préparez un bain acidulé composé de : eau froide, 3 litres ; vinaigre sans aromates, 1 demi-verre, ou encore exprimez le jus d'un citron en remplacement du vinaigre. (Voir : *Bains vinaigrés ou acidulés*, chap. VI, § 6.) Baignez les Morilles dans ce bain au fur et à mesure de leur nettoyage, afin de chasser les impuretés et les insectes qui ont pu pénétrer dans les alvéoles.

Commencez par les Morilles plus petites, que vous laissez entières ; leur toilette demande peu de temps et se réduit à ceci : coupez le bout terreux, vérifiez si la Morille n'est pas mangée ou attaquée par les insectes. Si elle est indemne, plongez-la dans le bain acidulé ; dans le cas contraire, mettez-la de côté avec les Morilles à fractionner.

Lorsque vous aurez complètement terminé ce nettoyage, apprêtez-vous à changer les Champignons de bain, il est préférable de ne pas trop les laisser séjourner dedans. Levez ensemble quelques Morilles, et vérifiez leur état de propreté ; s'il est satisfaisant, plongez-les dans un second bain d'eau froide, pure cette fois. S'il ne l'est pas — ce qui est douteux — nettoyez les soigneusement avant de les mettre dans le deuxième bain. Plongez-les plusieurs fois la tête sous l'eau en les agitant dans le liquide, ou faites-les passer une à une sous un jet d'eau courant assez vif

FIG. 38. — ENLEVEZ LA TERRE AVEC UNE BROSSE DURE.

Dès que les Truffes ont été mises dans l'eau, brossez énergiquement leur épiderme pour enlever la terre, puis déposez-les dans un récipient très propre.

FIG. 39. — AIDEZ-VOUS D'UN COUTEAU.

Lorsque, après des brossages réitérés, quelques tubercules contiennent encore dans les crevasses des grains de terre, de petits graviers, enlevez-les en employant un couteau à lame effilée.

FIG. 40. — SÉCHEZ LES TRUFFES DANS UNE SERVIETTE.

Étendez-les sur une serviette d'office très spongieuse. Repliez sur elles l'extrémité libre et enfermez-les dedans comme dans un sachet. Roulez-les jusqu'à ce qu'elles soient sèches.

FIG. 41. — METTEZ LES TRUFFES EN FLACONS.

Attendez que la vapeur produite par la cuisson soit tombée, c'est-à-dire quinze à vingt minutes. Glissez les Truffes une à une dans des flacons à ouverture très petite.

pour entraîner les dernières impuretés. Elles ne doivent que passer sous cette douche improvisée, de même que dans le bain ; laissez-les égoutter sur le tamis pendant quelques minutes.

IV. — SECTIONNEZ LES GROSSES MORILLES.

Nettoyez les grosses Morilles comme les petites ; puis divisez chacune d'elles en quatre fractions ou six suivant leur grosseur, et laissez adhérente à chacune d'elles une fraction du pied cartilagineux. Exécutez ces différentes coupes avec un couteau bien tranchant, et opérez avec habileté pour les obtenir intactes, car la chair, très poreuse a peu d'épaisseur, puisque l'intérieur est creux de la base au sommet. Commencez par entailler le pied bien au milieu. Immobilisez le Champignon au centre dans les deux premiers doigts de la main gauche, et suivez régulièrement ainsi jusqu'au sommet. La chair tendre n'offrant aucune résistance, dirigez utilement le couteau ; aussitôt qu'il est engagé, ne le déplacez pas.

Au fur et à mesure que vous sectionnez les Morilles, placez-les dans un nouveau bain acidulé, et donnez un second lavage, comme pour les légumes entiers.

Procédez maintenant au blanchiment. Les Morilles, entières ou fractionnées, doivent pocher seulement sans bouillir. Déposez-les avant le blanchiment dans un récipient assez grand, et versez dessus de l'eau bouillante. Après quatre minutes d'attente, renversez-les sur le tamis et, dès qu'elles sont suffisamment égouttées, mettez en flaçons. Employez pour ces Champignons de petits bocaux (demi et quart de litre). Introduisez les Morilles par petites quantités avec une cuiller ; frappez souvent le bocal pour qu'elles se placent seules ; mouillez de saumure (Chap. VI, § 5) chaude légère et bouchez vos bocaux,

Égouttez-les et désoxygénez jusqu'à 90 degrés; pincez les tétons. Ébullitionnez trente minutes et laissez refroidir dans le bain pour les bocaux à bouchage pneumatique. Prolongez la cuisson jusqu'à une heure un quart pour les demi-litres et à une heure et demie pour les litres pour les flacons à bouchage hermétique. Ne pas laisser refroidir dans le bain[1].

Vous aurez ainsi à votre disposition, en toutes saisons, d'excellentes Morilles qui seront aussi parfumées que si vous les employiez fraîches. Vous pourrez en faire de délicieux ragoûts, les préparer à l'italienne ou en omelette.

---

1. Nous vous rappelons, une fois pour toutes, que sous cette désignation *Bouchage hermétique*, nous voulons désigner le système de bouchage en quelque sorte fixe, *Eclair* et *Eureka* (voir Chap. III), par opposition au *Bouchage pneumatique* (voir Chap. IV) muni d'un dispositif pour l'échappement de l'air.

CHAPITRE XIV

LES TRUFFES, DIAMANTS
DE LA CUISINE

I. Deux façons de conserver les truffes. || II. Choisissez de beaux tubercules. || III. Aucun molécule de terre ne doit subsister. || IV. Préparez les Truffes a la cuisson. || V. Truffes dans le saindoux. || VI. Apprêt des Truffes.

Bien que la préparation en Conserves et l'utilisation de ce Champignon des gourmets — le « diamant de la cuisine », ainsi que le nommait un des maîtres de la gourmandise, au xviiie siècle — ne soit pas d'un usage courant en cuisine, puisque les Truffes constituent surtout la garniture des plats de choix fins et succulents, en réserver quelques petits bocaux est à la fois intéressant et économique. Intéressant, parce que le produit obtenu est parfait ; économique, parce que la dépense est minime si on la compare avec les achats que l'on fait dans le commerce hors saison, pour accompagner les consommés, les timbales, les poissons et les viandes de toutes espèces.

Je vous indiquerai donc deux manières de conserver les Truffes : 1° au saindoux ; 2° cuites au four ; cela sans vous rappeler leurs qualités et leur fumet universellement apprécié. Leur réputation est tellement assise que, dans

LES CONSERVES A LA MAISON

nombre de cuisines, même là où on exécute peu de préparations d'hiver, les Truffes sont conservées en prévision des besoins futurs ; c'est qu'en effet la saison de ce légume frais ne dure seulement que quatre mois, et encore son approvisionnement régulier laisse-t-il fort à désirer parfois.

SUCCESSION DES OPÉRATIONS. — Truffes rôties au four. Prenez de beaux tubercules moyens, lavez, brossez-les minutieusement, séchez-les sur une serviette douce. Pour la cuisson, prenez un récipient en terre, placez les Truffes au fond, salez et poivrez, arrosez d'un verre de madère tiède, couvrez, faites le joint du couvercle. Laissez cuire au four doux dix minutes ; sortez du four, mettez en flacons spéciaux, arrosez du jus de cuisson. Bouchez et stérilisez. — Truffes dans le saindoux. Cuisez comme ci-dessus, mais pendant vingt minutes. Mettez en flacons. Faites chauffer du saindoux, versez-le sur les Truffes et couvrez aussitôt l'orifice du bocal. Le lendemain, appliquez une rondelle de papier blanc, saupoudrez de sel marin, bouchez. Si vous employez les bocaux à fermeture hermétique, bouchez-les ainsi que nous l'indiquons pour la sauce Tomate (chap. xx, Volume II, Les Conserves de légumes).

I. — DEUX FAÇONS DE CONSERVER LES TRUFFES.

La Truffe peut être mise en conserves, de Novembre à Mars, mais c'est surtout en Janvier qu'elle est en possession de toutes ses qualités. Le froid sec, alors que le tubercule est encore sous la terre, augmente sa saveur, mais au contraire, aussitôt cueillie, la gelée est très préjudiciable à l'émanation de son parfum.

Ainsi que je vous l'ai dit, les Truffes peuvent être conservées de deux façons différentes : 1° rôties au four et stérilisées ensuite ; 2° rôties au four et enrobées dans du saindoux très pur, comme les quartiers d'oie. La première, que je qualifierai de préparation de « fonds », a une durée illimitée que lui assure la stérilisation ; la seconde, au contraire, toute temporaire, se réduit à quelques mois, à moins d'avoir une cave ou autre local très frais dans lequel la température ne varie pas trop ; dans ces conditions exceptionnelles, la conservation des Truffes au saindoux peut se prolonger pendant une année au moins. Cette préparation est plus expéditive que la précédente ; elle vous donne, Madame, la faculté de réserver rapidement des provisions qui ne sauraient attendre, et l'agréable perspective de les consommer avec toutes leurs qualités au moment choisi par vous.

II. — CHOISISSEZ DE BEAUX TUBERCULES.

Les Truffes du Périgord et du Vaucluse[1] sont les plus réputées ; du choix fait dépend le résultat. Nécessairement des tubercules sans parfum, troués ou piqués par la maladie, ne peuvent donner qu'un résultat piteux ; le meilleur assaisonnement, l'exécution la plus parfaite, ne sauraient suppléer aux qualités que chacun des tubercules doit posséder.

Faites votre choix avec le plus grand soin et soyez sans indulgence pour les sujets légers, sans parfum, de couleur roussâtre ; de même que je ne vous conseille pas de prendre ceux dont la surface est creusée d'yeux profonds ; bien souvent ces crevasses dissimulent des atteintes de maladies ou encore de vers, et il convient de remarquer que les tubercules piqués ou tarés sont sans parfum, ou plutôt celui-ci est absolument désagréable et revêt une

1. *Vie à la Campagne*, La Truffe noire et sa culture en Vaucluse, vol. X, n° 122, p. 238.

odeur de terre décomposée. Même les parties non endommagées que vous prélevez d'un tubercule contaminé ne peuvent, à mon avis, être préparées ; rappelez-vous ce conseil.

Préférez les Truffes noires, absolument saines, pesantes et parfumées. La grosseur n'est pas un indice de supériorité, au contraire, et bien souvent les plus gros tubercules sont creux et sillonnés de crevasses à l'intérieur ; prenez plutôt les tubercules de taille moyenne. Pour être absolument certaine de leurs qualités, examinez-les une à une. Assurez-vous ensuite de leur parfum et de leur poids en les soupesant dans la main. N'oubliez pas non plus que la gelée qui renforce leurs qualités, alors que les Truffes sont encore en végétation, leur est nuisible et les détériore lorsqu'elles sont cueillies. C'est une condition à laquelle on appporte généralement trop peu d'attention et qu'il ne faut pourtant pas négliger.

III. — AUCUN MOLÉCULE DE TERRE NE DOIT SUBSISTER.

Votre choix terminé, plongez les Truffes dans de l'eau tiède. Avec une brosse dure en chiendent, brossez-les énergiquement pour les débarrasser de la terre et des petits graviers encastrés dans les gerçures de leur épiderme grenu. Si ce lavage ne vous donne pas entière satisfaction, brossez chacune d'elles à nouveau dans un autre bain et jusqu'à ce qu'elles soient d'une netteté irréprochable ; mais, sous prétexte de faciliter l'enlèvement des graviers, ne laissez pas les Truffes tremper dans l'eau, même dans l'eau froide. Moins de temps elles y séjournent, mieux cela vaut pour leur parfum.

Cette manutention est certainement minutieuse en raison de la ténacité de la terre qui semble incrustée dans l'écorce, à tel point que deux et trois brossages conscien-cieux sont parfois nécessaires ; aussi, lorsque la difficulté est trop grande, employez une pointe de couteau très aiguisée, et enlevez la terre ou les petites pierres que la brosse ne peut dégager.

Comme vous opérez généralement sur une petite quantité de Truffes, ce lavage est rapidement terminé ; je préfère celui-ci au lavage dans l'eau froide, nécessitant un temps d'immersion très prolongé pour être efficace, et qui ne peut qu'être très nuisible aux tubercules.

IV. — PRÉPAREZ LES TRUFFES A LA CUISSON.

Dès que les Truffes sont lavées, déposez-les sur une serviette usagée très spongieuse, pliée en deux et étendue sur la table de cuisine. Rejetez sur elles l'extrémité pendante et enveloppez-les dedans — comme le ferait un sachet — afin qu'elles se sèchent au besoin et se débarrassent de l'eau de rinçage ; roulez-les dedans pour les sécher définitivement.

Pendant les dernières minutes du séchage, prenez un vase en terre vernissée, genre terrine basse, un moule à soufflé ou tout autre récipient pourvu d'un couvercle et fermant absolument, cela pour éviter la déperdition du parfum des Truffes ; puis entourez-vous des ingrédients nécessaires à leur préparation en conserves : madère, poivre, sel.

Déposez au fond du récipient les tubercules séchés ; épandez-les régulièrement sur toute la surface, mais ne les superposez pas les uns sur les autres dans le but d'en « mettre davantage ». Salez, poivrez légèrement, puis faites chauffer très doux un petit verre à madère de vin du même nom — quantité nécessaire pour six Truffes environ — et versez dans le récipient contenant les Truffes. Couvrez alors celui-ci le plus hermétiquement possible, afin que l'arome que dégage la Truffe en cuisant ne s'échappe pas ; faites le joint du couvercle, en mettant une bande de pâte, ou bien collez du papier assez large pour s'appuyer d'un côté sur les bords de la terrine, de l'autre sur le couvercle ; glissez dans le four de cuisine doux — tel un rôti — en laissant cuire dix minutes.

Vous pouvez également, dans le but d'abréger le temps de la préparation, cuire toutes les Truffes en une seule fois, si vous faites de grandes provisions ; toutefois, je dois vous prévenir que cette plus grande rapidité dans l'exécution s'exerce un peu au détriment de la saveur des Truffes.

Sortez l'appareil du feu sans soulever le couvercle et attendez pour mettre les Truffes en flacons que la vapeur soit tombée ; quinze à vingt minutes suffisent.

Ce Champignon étant plutôt un assaisonnement, une garniture, qu'un légume, il est préférable d'employer pour le conserver des bocaux très petits d'ouverture, laissant juste passer les Truffes. Ces récipients sont de formes très variées. Il en est de minuscules et de spéciaux pour elles : cylindriques, légèrement coniques ou ayant l'aspect d'une petite cloche ; ils sont très pratiques si vous ne conservez que peu de tubercules ; dans le cas contraire, préférez les formes cylindriques. Glissez donc les Truffes une à une dans les flacons et répartissez dans chacun d'eux le jus provenant de la cuisson. *Bouchez, désoxygénez jusqu'à 70 degrés seulement, ébullitionnez vingt-cinq minutes ; laissez refroidir dans le bain. Les bocaux à fermeture hermétique demandent une heure et demie pour les demi-litres et quarts de litre. Ne les laissez jamais refroidir dans le bain.*

(88)

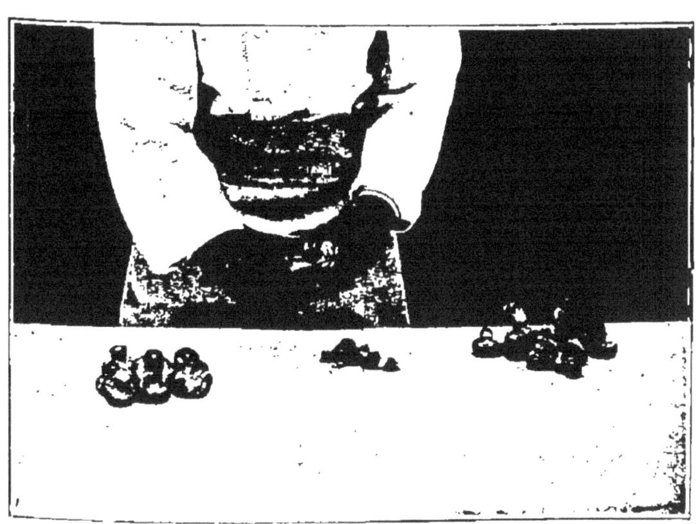

FIG. 42. — SUPPRIMEZ LE BOUT TERREUX.

Le pied du Champignon est comestible et doit rester attaché au chapeau ; la première manipulation à effectuer est la suppression de l'extrémité terreuse ; raccourcissez-la d'un centimètre environ.

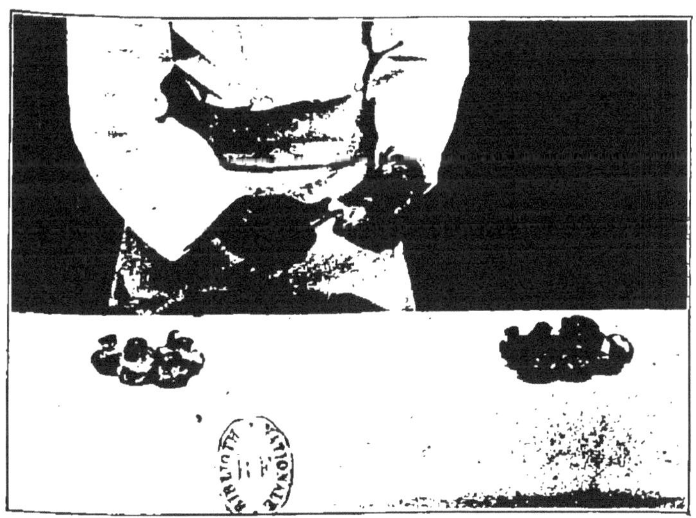

FIG. 43. — GRATTEZ LE PÉDONCULE.

Raclez avec le couteau la pellicule douce qui recouvre le pédoncule ; imprimez au Champignon un mouvement de rotation, de manière que ce pédoncule soit entièrement débarrassé.

FIG. 44. — ÉPLUCHAGE SIMPLE DU CHAMPIGNON.

Commencez sur le bord du chapeau et enlevez des lames régulières. Au fur et à mesure de l'épluchage, baignez les Champignons dans le bain acidulé, afin qu'ils conservent leur couleur.

FIG. 45. — COMMENT TOURNER LE CHAMPIGNON.

Immobilisez-le dans la main gauche pour que les lignes ne soient pas hésitantes ; commencez les rayons très fins près du centre et allez en augmentant de largeur jusqu'aux bords.

LES TRUFFES, DIAMANTS DE LA CUISINE

V. — TRUFFES DANS LE SAINDOUX.

Cette manière d'opérer est beaucoup plus rapide que la précédente, puisque la stérilisation est supprimée, mais il est nécessaire, si vous voulez obtenir un produit de qualité supérieure, que le saindoux dans lequel doivent être enrobées les Truffes soit absolument pur.

Le meilleur saindoux du commerce ne vaut pas celui que vous pouvez facilement préparer à la maison ; aussi je vous conseille nettement de le faire vous-même. Achetez quelques carrés de panne de porc très fraîche, bien épaisse, et s'écrasant sans difficulté sous les doigts. Tenez compte également de la finesse de la graisse, car elle a un grain qu'il faut savoir découvrir. Quand elle est de bonne qualité, elle est fine et légèrement rosée.

Divisez les carrés de panne sur toute leur longueur et faites-en des lanières de 1 à 2 centimètres de largeur ; coupez-les ensuite en les alignant par trois, de manière à former des petits carrés de 2 centimètres de côté.

Dès que la panne est réduite en morceaux, mettez-la dans une casserole avec un verre d'eau et faites fondre à feu doux. Le meilleur procédé et le plus sûr aussi pour obtenir du saindoux bien blanc est encore celui-ci : lorsque le feu est « sourd », bien couvert, faites le saindoux ; il est absolument sans importance qu'il soit fait de la veille. Éloignez l'ustensile du centre dans la crainte d'un réveil trop brutal du feu, et laissez-le fondre sans aucun secours. Il suffit seulement de remuer deux ou trois fois pour aider un peu la fonte.

Quand, après quelques heures, la graisse est limpide, versez-la sur une passoire très fine reposant sur une casserole, afin que le résidu ne « passe pas », ce qui troublerait la limpidité du saindoux.

VI. — APPRÊT DES TRUFFES.

Préparez les Truffes absolument de la même manière que si vous deviez les conserver en bocaux et les stériliser, mais avec cette seule différence cependant : « donnez dix minutes de cuisson supplémentaire et assurez-vous que celle-ci est parfaite, en passant une aiguille au travers d'un des tubercules ». Celle-ci ne doit pas grincer, mais glisser à l'intérieur sans difficulté.

Cette constatation faite, mettez le saindoux à chauffer et proportionnez-en la quantité avec celle des Truffes. Pour 1 kilogramme de tubercules, il convient d'avoir à sa disposition environ 2 kilogrammes de saindoux ; versez-le sur les Truffes lorsqu'il est très chaud.

Levez seulement les Truffes au dernier moment, afin qu'il n'y ait pas de déperdition de parfum ; conservez dans des flaçons en verre, cette matière étant préférable à toute autre. Vous avez ainsi la faculté d'employer les petits flacons que vous pouvez posséder autres que les bocaux de conserves spéciaux, puisque la fermeture n'est pas indispensable à la bonne conservation.

Introduisez-les avec une spatule en bois, puis, au fur et à mesure de leur placement, versez le saindoux sur les Truffes, de façon qu'elles en soient complètement recouvertes, laissez le moins de vide possible entre la surface supérieure et le couvercle. Remplissez les bocaux à un demi-centimètre des bords environ, car la graisse diminue de volume en se solidifiant.

Transportez les bocaux sur une tablette de cuisine en bois afin que les verres n'éclatent pas, et couvrez-les d'un papier blanc pour éviter que la poussière ne s'y pose. Couvrez les bocaux lorsque la graisse est complètement figée et bien prise, le lendemain généralement.

Dans une feuille de papier parcheminée, taillez une ou plusieurs circonférences plus grandes que celles de vos bocaux ; appliquez-la sur la couche de graisse, de façon qu'elle en soit uniformément maculée, relevez le bord de papier en supplément et plissez-le aux endroits où il donne trop en l'appliquant sur le verre. Semez au-dessus une couche de sel marin ; encapuchonnez le bocal de parchemin serré fortement avec une ficelle et recouvrez encore d'un linge très propre.

Si vous substituez les bocaux à fermeture hermétique à ceux de modèle courant, je vous conseille de fermer les flacons aussitôt après avoir versé la graisse chaude, ainsi que nous le recommandons pour la « sauce tomate » dans le volume II de cet ouvrage, *Conserves de légumes*.

Ne laissez pas cette provision dans un appartement chauffé ou dans un local sujet aux brusques variations de température ; un placard frais, une cave, un cellier aéré lui conviennent beaucoup mieux.

Ainsi vous aurez à votre disposition des produits excellents dont la réalisation vous aura coûté peu de peines, et il n'est pas douteux qu'après essai vous en augmentiez le nombre.

CHAPITRE XV

LES CHAMPIGNONS CULTIVÉS

I. Deux manières de préparer les conserves de Champignons. ‖ II. Conditions préliminaires de réussite. ‖ III. Epluchez simplement ou parez le Champignon. ‖ IV. Blanchiment industriel et ménager. ‖ V. Les Champignons s'altèrent dans l'eau. ‖ VI. Champignons au beurre.

D'un usage courant en cuisine, le Champignon est surtout mis en Conserves pour parer aux éventualités ou aux difficultés d'approvisionnement que l'on éprouve dans les campagnes et les petites villes. Dans les grandes villes au contraire il est facile d'en avoir à l'état frais en toute saison.

Sa culture s'est vulgarisée à tel point, en ces dernières années, que dans les propriétés où le jardinier fournit un choix varié de légumes, il lui est possible d'adjoindre à ses cultures de plein air et sous verre celle des Champignons, si vous disposez d'un endroit où la température reste égale : une cave, un cellier, notamment. La production des Champignons peut être échelonnée toute l'année, ou prévue seulement pour donner lorsque vous habitez votre maison de campagne, ou lorsque vous disposez des quantités nécessaires de fumier de cheval pour confectionner les meules.

LES CHAMPIGNONS CULTIVÉS

Même si vous faites organiser une culture échelonnée, il n'est pas rare d'avoir une surproduction, notamment lorsque la température extérieure plus chaude favorise d'avantage le développement des Champignons. C'est donc l'excédent que vous ne pouvez bien souvent employer, que je vous conseille de mettre en réserve. Vous avez, dans ces conditions, l'immense avantage d'avoir un légume à point, de première fraîcheur, puisqu'il vous sera loisible de le préparer juste au moment de sa cueillette.

Pour les personnes qui ne bénéficient pas de ces facilités, il y a intérêt à conserver les Champignons l'été, au moment où leur production, étant plus abondante, leur prix est accessible. On les paie généralement de 60 à 80 centimes le demi-kilogramme, tandis qu'en Septembre-Octobre, ils atteignent souvent 1 fr. 20 à 1 fr. 50.

L'écart est assez sensible pour que vous y prêtiez attention, d'autant mieux que la Conserve est facilement réalisable et demande peu de temps. Profitez donc de ce moment pour faire vos provisions, et choisissez les Champignons très minutieusement.

SUCCESSION DES OPÉRATIONS. — Procédé industriel : Choisissez des Champignons moyens ; rafraîchissez la base, lavez-les à l'eau bouillante. Rincez à l'eau courante, blanchissez à l'acide citrique pendant dix minutes ; refroidissez à nouveau, mettez en flacons avec saumure, bouchez et stérilisez. Procédé ménager : Nettoyez les Champignons, mettez-les dans un bain acidulé. Rincez, blanchissez cinq minutes, raffermissez, égouttez, mettez en flacons, ajoutez la saumure et le jus d'un demi-citron par bocal d'un demi-litre ; bouchez et stérilisez.

CHAMPIGNONS AU BEURRE. Mêmes manutentions que pour la préparation précédente. Ajoutez seulement le beurre en remplacement de la saumure.

LES CONSERVES A LA MAISON

I. — DEUX MANIÈRES DE PRÉPARER LES CONSERVES DE CHAMPIGNONS

Il y a d'abord : 1° le procédé de préparation industrielle en grand, que je ne vous conseille pas ; 2° la préparation que nous nommerons « ménagère », infiniment plus hygiénique.

Les deux procédés diffèrent donc sensiblement entre eux, non pas par la manière de cuire et de stériliser, qui reste la même, mais par les opérations — lavage et blanchiment faits commercialement à l'aide de produits généralement toxiques, décolorant les légumes et changeant forcément un peu le goût de ceux-ci. Il est compréhensible que l'industrie opérant sur des quantités énormes ne puisse prendre les mêmes précautions que dans un intérieur, où vous préparez pour vos besoins en vous souciant plus de la qualité que de l'aspect des Conserves. C'est d'ailleurs le consommateur qui, dans l'espèce, jugeant de la qualité des Conserves de Champignons par la blancheur de ceux-ci, oblige par la force des choses l'industriel à sacrifier la qualité à l'apparence.

Cette nécessité de soigner l'aspect et la question de prix de revient font ainsi remplacer le citron — dont je vous conseille l'emploi — par le bisulfite, produit très bon marché dont l'action est tellement puissante sur la chair des Champignons qu'elle la blanchit à l'extrême et découvre des taches que l'on ne soupçonnait pas à l'état frais ; et même par d'autres produits plus nocifs encore. Le blanchiment est complété avec de l'acide citrique, toujours dans le même but, pour rendre cette opération plus expéditive.

II. — CONDITIONS PRÉLIMINAIRES DE RÉUSSITE.

Aucun légume n'est plus susceptible que le Champignon ; une attente de quelques heures — à une température élevée — lorsqu'il est mûr à point le transforme désagréablement : il « s'ouvre » et noircit très vite. Le parfum qu'il dégage est lui-même changé, altéré.

Si vous voulez l'avoir avec toutes ses qualités, choisissez-le jeune et le plus frais possible. Préférez les Champignons moyens, parce qu'un mélange de grosseurs différentes n'est pas à recommander. Cependant, si pour vos préparations culinaires vous prévoyez l'emploi des gros, faites-en deux à trois catégories distinctes : les fins, les moyens et les gros.

Le vrai Champignon de couche ne peut être confondu avec les sortes vénéneuses, mais il est utile que vous preniez quelques précautions. En particulier, n'employez pas ceux dont le chapeau est noir et ouvert ; ils sont trop vieux. Cueillez-les bien blancs avec le chapeau très emboîtant, très fermé encore sur le pied ; détachez-les de la souche en les éclatant avec précaution, afin de ne pas entraîner la plaque d'où ils sont sortis. Si vous devez les acheter, choisissez-les très frais et cueillis de la veille. En possession de ces Champignons, triez-les en deux ou trois catégories, comme il est dit ci-dessus. Procédez à l'épluchage ensuite. Je vous conseille, toutefois, avant de commencer l'épluchage, de préparer le bain acidulé (Voir Chap. vi, § 6) — empêchant les Champignons de virer au noir — si vous adoptez la recette ménagère ; ou, au contraire, de chauffer l'eau, si vous optez pour le procédé industriel.

Ne préparez pas une grande quantité de bocaux à la

fois ; opérez de trois en trois, non plus ne laissez les Champignons séjourner trop longuement dans le bain acidulé. Leur chair poreuse s'imprègne d'eau ; elle risque encore de se ternir malgré le jus de citron, et de perdre de sa saveur.

III. — ÉPLUCHEZ SIMPLEMENT OU PAREZ LE CHAMPIGNON.

D'abord, laissez le pied attaché au chapeau des petits Champignons ; tout au plus pouvez-vous le séparer du choix « gros » ; mais cette suppression est facultative. Commencez d'abord par raccourcir le pied terreux et sableux de 1 à 2 centimètres ; si vous apercevez des traces noirâtres, grattez au couteau la pellicule douce qui le recouvre, et faites la toilette du chapeau.

Vous pouvez faire celle-ci de deux façons différentes : très simplement ou parée. Si vous désirez une préparation un peu fantaisie, le dernier moyen convient mieux aux plus volumineux. Tournez le chapeau de chacun des gros spécimens et striez leur chair de zébrures régulières qui s'intercalent parmi les espaces des lignes de peau restées intactes. Cette façon est simplement un décor qui n'enlève rien, mais ne donne non plus aucune saveur supplémentaire aux légumes.

En partant du bord du chapeau, dirigez la lame du couteau vers le centre en décrivant avec celle-ci des stries les plus régulières possible. Raclez doucement de façon à enlever seulement la peau. Toutefois, ces lignes alternativement creuses et en relief doivent être plus marquées à la base et venir rayonner finement en soleil vers le centre, qu'elles laissent intact. Au contraire, l'épluchage simple consiste à détacher, en partant du bord ou capuchon, la peau coriace qui recouvre la chair ; soulevez-la en lames les plus longues possibles, afin de ne pas trop endommager les têtes.

Au fur et à mesure que les Champignons sont parés et épluchés, mettez-les dans le bain acidulé décrit ci-dessus, et veillez bien à ce qu'ils soient recouverts de liquide pour qu'ils ne noircissent pas.

IV. — BLANCHIMENT INDUSTRIEL ET MÉNAGER.

La recette du moins nocif des procédés industriels de blanchiment est donnée pour les personnes réservant des provisions de Champignons assez abondantes ; elle est, en effet, un peu plus rapide que la suivante utilisée pour la préparation ménagère. Faites un bain acidulé composé d'un demi-verre à bordeaux de vinaigre pour 2 litres d'eau, ou employez préférablement le jus de citron à raison d'un citron par litre d'eau. Au fur et à mesure de l'épluchage, jetez les Champignons dans ce bain ; lavez-les soigneusement et blanchissez-les à l'eau ordinaire bouillante pendant cinq minutes. Rafraîchissez ensuite à l'eau courante, égouttez, mettez en flacons, mouillez d'eau salée à raison de 10 grammes par litre et ajoutez finalement le jus d'un demi-citron par flacon d'un demi-litre.

Sans être nettement opposée aux procédés de préparation industrielle, je ne les apprécie pas autant que le plus simple moyen de préparation ménagère, et ce n'est pas la dépense minime supplémentaire occasionnée par le citron qui doit vous faire préférer la première.

Faites chauffer de l'eau à laquelle vous ajoutez 0 gr. 50 de bisulfite par litre. Dès que celui-ci est complètement dissous, ajoutez les Champignons et lavez-les soigneusement jusqu'à ce qu'ils soient débarrassés de la terre.

7

LES CONSERVES A LA MAISON

Rincez à l'eau courante et plusieurs fois, afin qu'il ne reste aucune trace de bisulfite. Pour parfaire le blanchiment, ajoutez l'acide citrique dans les mêmes proportions que le bisulfite, dès que l'eau bout ; laissez cuire dix minutes, rincez copieusement à l'eau courante, et mettez en flacons avec de la saumure.

V. — LES CHAMPIGNONS S'ALTÈRENT DANS L'EAU.

Avant de plonger la masse entière dans l'eau bouillante, lavez-la minutieusement à plusieurs eaux pour enlever le goût de vinaigre ou l'acidité trop vive du citron.

Un détail important au point de vue des conséquences qu'il entraîne — et qui pourrait vous échapper — est celui-ci : les Champignons ne doivent jamais être blanchis ou cuits dans des récipients en étain étamé, car ils deviennent noirs. Employez exclusivement le cuivre ou l'émail. Aussitôt que l'eau du blanchiment entre en ébullition, glissez les Champignons, couvrez la marmite ou autre ustensile et laissez ainsi pendant cinq minutes. Dressez les légumes, rafraîchissez-les à l'eau courante, égouttez la provision sur un tamis et préparez les flacons de verre de contenance différente suivant l'utilisation que vous leur destinez : un litre, demi-litre, quart de litre. Le placement des légumes est relativement facile, car ils sont peu volumineux. Introduisez-les par petites quantités à la fois, et frappez le fond du bocal. Pour aider et faciliter le placement, servez-vous de la spatule et forcez les moins gros à se glisser dans les vides. Mouillez de saumure (Chap. VI, § 5) chaude légère, 10 grammes de sel pour un litre d'eau et, avant de boucher, ajoutez le jus d'un citron pressé pour les bocaux d'un litre, la moitié pour les bocaux d'un demi-litre. *Bouchez, désoxygénez jusqu'à 90 degrés ; pincez les tétons, ébullitionnez trente minutes ; laissez refroidir dans le bain. Pour les bocaux à fermeture hermétique, comptez une heure et demie pour les litres et une heure un quart pour les demi-litres. Ne jamais laisser refroidir dans le bain.*

VI. — CHAMPIGNONS AU BEURRE.

En plus de la préparation au naturel ci-dessus, vous pouvez conserver les Champignons au beurre. Après les avoir lavés et égouttés soigneusement, renversez-les sur une serviette spongieuse, et séchez-les le mieux possible. Mettez fondre, dans une casserole émaillée ou en cuivre, 125 grammes de beurre ; lorsqu'il est blond et crémeux, ajoutez les Champignons, 500 grammes environ pour cette quantité. Salez, poivrez et laissez cuire pendant cinq minutes, en sautant ceux-ci plusieurs fois.

Dressez les Champignons avec une petite écumoire, et mettez-les directement en flacons sans attendre davantage ; versez ensuite le beurre, le jus de cuisson sur eux, et bouchez. Observez le même temps de cuisson que pour la recette au naturel.

En suivant les conseils donnés ci-dessus, vous vous assurerez pour répondre à tous vos besoins et à tout moment de l'année, de savoureux Champignons au parfum délicat. Ils n'auront pas cette blancheur nacrée si séduisante des Conserves industrielles, mais ils n'en seront que plus parfaitement et plus délicatement comestibles.

TROISIÈME PARTIE

HORS-D'ŒUVRE ET CONDIMENTS

CHAPITRE XVI

PRÉPARATIONS AU VINAIGRE ET AU SEL

I. Action antiseptique du vinaigre et du sel. || II. Ce qu'est une préparation au vinaigre. || III. Produits a conserver. || IV. Préparations que vous pouvez réaliser. || V. N'employez que des légumes sains. || VI. Comment préparer les légumes a la conservation. || VII. Récipients pouvant être utilisés. || VIII. Comment boucher les flacons. || IX. Quelques conseils pour réussir. || X. Saumures simples au vinaigre et aromatisées.

Les Conserves au vinaigre se différencient des autres par le peu de temps de préparation qu'elles demandent, la stérilisation étant supprimée.

Il s'agit donc d'un procédé de conservation complètement différent dans ses applications de celui dont les conditions opératoires vous ont été exposées dans la première partie de cet ouvrage. Il en est de même, d'ailleurs,

LES CONSERVES A LA MAISON

quant à la destination et à l'utilisation des produits ainsi préparés.

I. — ACTION ANTISEPTIQUE DU VINAIGRE ET DU SEL.

A côté du procédé de conservation des produits par la stérilisation en vases clos d'après la méthode Appert, il existe d'autres moyens, dont quelques-uns sont infiniment plus anciens, que vous ne devez pas négliger.

Des substances ont en effet un pouvoir antiseptique tel que, sans détruire les microbes, elles créent, par leur action, un milieu dans lequel le développement de ces microbes est suspendu. Elles permettent en général de conserver des produits même à l'état cru, ainsi que c'est le cas pour les salaisons. Sachez toutefois, que tout antiseptique utilisé pour la conservation des produits alimentaires, doit présenter une efficacité certaine sans pour cela être nocif. Le sel, le vinaigre, l'alcool, l'acide sulfureux, sont parmi ceux-ci.

L'alcool est surtout utile pour les fruits, et nous en parlerons avec ceux-ci ; le gaz sulfureux est d'un emploi spécial. Reste le sel et le vinaigre.

Le *sel* a été employé de temps immémorial ; en déshydratant les matières alimentaires, c'est-à-dire en leur faisant exprimer l'eau qu'elles contiennent, il se dissout dans cette eau formant une solution saline — la saumure. Lorsque celle-ci est suffisamment concentrée, elle empêche le développement des microbes. Elle n'est même pas absolument nécessaire et le sel enrobant en couche assez épaisse et à sec le produit traité, possède la même action.

Le *vinaigre* est aussi d'un emploi fort courant, l'acide acétique qu'il contient lui donne ses propriétés antiseptiques, mais à condition qu'il soit concentré. C'est pourquoi, lorsqu'il se trouve dilué dans l'eau exprimée par les produits crus à conserver, comme les Cornichons, il importe de le ramener à un degré suffisant de concentration, généralement par l'ébullition.

Il me faut vous souligner *l'action complémentaire du vinaigre et du sel* dans les préparations des produits à conserver à l'état cru, tels les Cornichons et leurs succédanés, afin que vous saisissiez bien l'opportunité des opérations successives qui vous seront prescrites. En mettant « mariner », « macérer », « dégorger » les Cornichons, par exemple, dans une saumure, formée par le sel ajouté par couches à ces fruits et l'eau que l'action de celui-ci leur fait exprimer en les déshydratant, vous les débarrassez à la fois de l'eau de végétation, des impuretés et de l'âcreté de tout produit végétal non arrivé à maturité. Vous les mettez donc, de suite, dans les meilleures conditions pour leur conservation par une sorte d'aseptie préparatoire. En même temps, et comme cette saumure est jetée, vous les débarrassez de l'eau qui affaiblirait le vinaigre en diminuant à la fois les qualités antiseptiques de celui-ci et son action. C'est pourquoi vous constaterez, lorsque le dégorgement préalable avec le sel n'est pas fait pour les produits végétaux crus, qu'il vous est recommandé plusieurs ébouillantages successifs du vinaigre et à intervalles, qui ont pour but, par l'évaporation de l'eau, de maintenir ou d'accentuer la concentration de celui-ci. Et vous comprendrez ainsi l'utilité de telles opérations.

II. — CE QU'EST UNE PRÉPARATION AU VINAIGRE.

Une préparation au vinaigre est ordinairement un mélange fort épicé et toujours aromatisé, car il est peu

LES CONSERVES À LA MAISON

de légumes qui peuvent se dispenser du parfum des condiments : parfum qui leur est d'ailleurs indispensable pour relever leur goût fade. Suivant l'espèce de légume, cette préparation devient : hors-d'œuvre, condiment ou assaisonnement. Ce mélange, le plus souvent savoureux et appétissant, comprend tantôt des fractions de légumes, tantôt des légumes entiers auxquels sont ajoutés les aromates et l'assaisonnement : ail, estragon, poivre, sel, clous de girofle, petits oignons. Légumes et condiments, avant d'être mis en flacons, macèrent dans une saumure pendant vingt-quatre heures — saumure constituée différemment : soit avec du sel, soit avec du vinaigre pur, soit avec du vinaigre étendu d'eau — dont le but unique est l'élimination de l'eau surabondante et des principes fermentescibles contenus dans les légumes — nous parlerons des unes et des autres ci-dessous — puis les préparations sont mises en flacons, couvertes de vinaigre bouilli à nouveau ou naturel, suivant les sortes de légumes, encapuchonnées et rangées dans un placard sain, obscur autant que possible. Comptez environ deux mois avant d'employer les condiments et de servir les hors-d'œuvre.

III. — PRODUITS A CONSERVER.

Vous pouvez conserver à peu de frais des hors-d'œuvre, des condiments frais pour l'hiver, le printemps et l'été.

C'est qu'en effet il est des plus facile de préparer au vinaigre une foule de plantes, de fruits à peine formés, de légumes même, parce qu'ils perdent en partie, par la macération relativement courte dans le vinaigre — trois semaines environ pour chacun d'eux — leur goût naturel, prenant au contraire le parfum des aromates près desquels ils confisent et qui leur confèrent mille qualités.

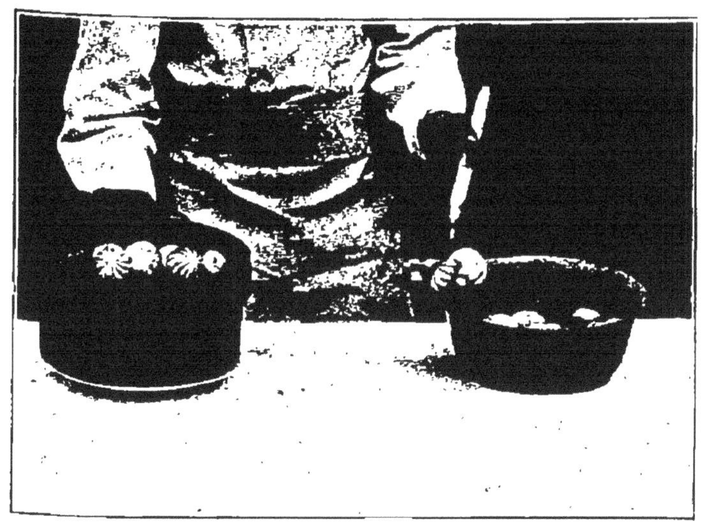

FIG. 46. — APRÈS LE BLANCHIMENT.

Prenez les Champignons avec l'écumoire émaillée, et dressez-les tous ensemble dans un récipient profond avant de les glisser dans l'eau de rafraîchissage pour les raffermir.

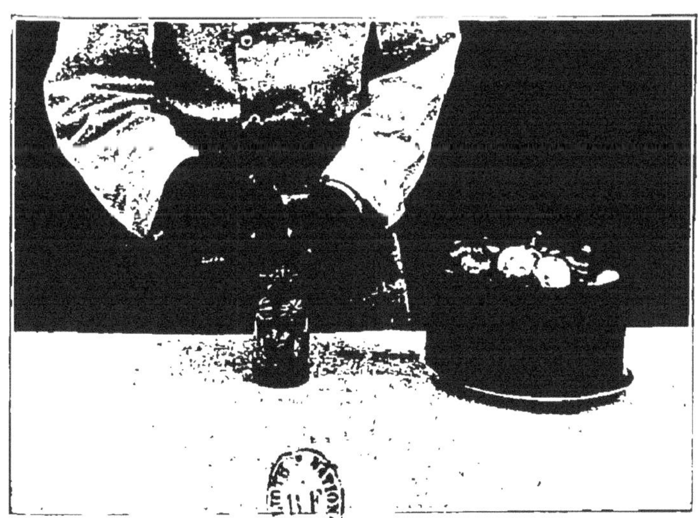

FIG. 47. — LA SPATULE AIDE A PLACER LES CHAMPIGNONS.

Introduisez-les d'abord par petite quantité; frappez le fond du bocal pour aider le placement des premiers et faites glisser ensuite, à l'aide de la spatule, ceux qui se perchent au-dessus des autres.

FIG. 48 — DÉGAGEZ LA CHAIR DE LA BETTERAVE.

Pour éplucher la Betterave dans les meilleures conditions, incisez longitudi-nalement l'épiderme, de l'extrémité de la racine au collet, en y passant la pointe d'un couteau, le fil en l'air, afin de ne pas couper la chair.

FIG. 49. — ENLEVEZ LA PEAU AVEC UN PAPIER PARCHEMINÉ.

Maintenez le collet de la racine dans la main gauche ; soutenez le milieu avec la droite, et placez le pouce et les deux derniers doigts sur les bords de l'inci-sion, de manière qu'ils prennent les lambeaux d'écorce et les enlèvent.

FIG. 50. — SECTIONNEZ L'EXTRÉMITÉ DE LA RACINE.

Lorsqu'aucune parcelle de peau ne reste sur la chair, sectionnez l'extrémité inférieure du pivot, et abattez 6 centimètres environ. Sectionnez également le collet en supprimant 3 centimètres. Détaillez ensuite les rondelles.

PRÉPARATIONS AU VINAIGRE ET AU SEL

Cette perte de parfum, qui pour les Conserves de légumes et de fruits mûrs à point serait une faute grave, n'a pour beaucoup d'entre eux aucune importance, étant donné que les Conserves au vinaigre ne sont pas destinées aux mêmes usages et qu'elles doivent avoir, pour être parfaites, un « goût acidulé ».

Du reste, à dessein, légumes, fruits, herbes à parfum sont choisis à une époque de maturité incomplète ; de telle sorte que les qualités des uns et des autres ne sont pas développées à point.

Voici un choix de légumes, que vous pouvez conserver au vinaigre : Choux rouges, Oignons, Betteraves rouges, Tomates, Choux-Fleurs, Aubergines, Haricots verts, Poireaux, Radis noirs. Dans la catégorie des condiments, les Câpres, Cornichons, Concombres, Melons, Olives, Blé de Turquie ou Maïs ; et, parmi les herbes, le Cerfeuil, Estragon, Persil. Les fleurs et les fruits eux-mêmes apportent leur contribution : graines de Capucines, Quetsches, Prunes, Cerises et, enfin, les Olives au sel.

La plupart de ces légumes, herbes ou graines, sont employés comme hors-d'œuvre, les autres comme condiments. Ils sont tous intéressants, à deux points de vue : d'abord d'un prix de revient peu coûteux, ensuite par l'emploi agréable qu'ils permettent l'été, quand la température nous accable. La maîtresse de maison avisée ne doit donc pas les négliger pour la période où elle dispose, à l'exception des Radis, de peu d'éléments, les Tomates, les Concombres pouvant être encore considérés comme des « primeurs » dans beaucoup de contrées.

IV. — PRÉPARATIONS QUE VOUS POUVEZ RÉALISER.

Sous le titre générique de Condiments, j'ai groupé

une série de préparations variées pour des usages multiples. La base des Conserves au vinaigre est la préparation des Cornichons ; toutefois, les autres ne sont que des dérivés ou des succédanés adaptés à nos besoins de varier sans cesse les menus, mais vous trouverez parmi la grande variété de légumes décrits ici : Aubergine, Maïs, Chou rouge, Betterave rouge, Céleri-Rave, Choufleur, Haricots verts, Tomate verte, jusqu'aux boutons et graines de Capucine, etc., des produits exquis dont vous apprécierez la saveur.

Bien que j'aie réuni les différents apprêts dans cette partie sans distinction du genre d'utilisation, ces préparations pourraient être divisées en quatre groupes. Ce classement toutefois ne peut être absolu, car dans les deux premières catégories, il est des légumes qui sont à la fois condiments et hors-d'œuvre.

1° *Légumes destinés à être employés pour les horsd'œuvre* : Aubergines, Betteraves rouges, Céleris-Raves, Concombres, Choux-Fleurs, Haricots verts, Maïs, Radis noirs, Poireaux, Tomates vertes fractionnées.

2° *Cornichons et leurs succédanés* : Condiments excitants dont le rôle est d'accompagner les pièces de viandes rôties ou bouillies principalement froides : Tomates vertes, Poivrons, Cornichons, Petits Oignons, Petits Melons, Aschards, Pickles, Variantes, Graines de Maïs, Cerises, Quetsches et Prunes, Graines de Capucines (Olives et fausses Olives pour mémoire).

3° *Condiments destinés à aromatiser et à rehausser les sauces* : Capucines, Câpres, Cornichons, Oignons, Poivrons, Quetsches et Prunes, Olives.

4° *Les herbes aromatiques* dont l'arome parfume délicieusement les coulis et les sauces consistantes : Cerfeuil, Persil, Estragon.

PRÉPARATIONS AU VINAIGRE ET AU SEL

Voici un calendrier établi d'après les périodes de production du centre de la France ; il vous servira d'indication pour les préparations que vous pourrez avoir à exécuter chaque mois.

Janvier-Février : Céleris-Raves, Betteraves rouges.

Avril-Mai : Concombres jaunes, Petits Melons, Câpres.

Juin-Juillet : Concombres, Cerises, Prunes, Melons, Graines et boutons de Capucines, Câpres et jusqu'en Septembre.

Août-Septembre : Aubergines, Concombres, Cornichons, Tomates, Tomates vertes entières, Petits Oignons, Blé de Turquie ou Maïs, Choux-fleurs, Pickles, Aschards et Variantes, Olives.

Octobre-Novembre-Décembre : Céleris-Raves, Betteraves rouges, Radis noirs, Choux rouges.

V. — N'EMPLOYEZ QUE DES LÉGUMES SAINS.

Pour constituer les provisions ci-dessous, choisissez des légumes ainsi qu'il est dit Chap. VI, § 1 à 4 ; le choix particulier de ceux décrits dans le volume II de cet ouvrage, consacré spécialement aux Légumes, est applicable aux préparations au vinaigre ; nous vous y renvoyons donc. Pour les sortes dont il n'est pas parlé dans ce volume II, vous trouverez ici les conseils qui vous sont nécessaires.

Vous savez comment éplucher, gratter, effiler, écosser les légumes, puisque la première partie de ce volume traite cette question (Chap. VI, § 1 à 4) ; je ne m'attarderai donc pas à vous rappeler ces indications, pour ceux des légumes ne nécessitant pas de recommandations spéciales.

LES CONSERVES A LA MAISON

VI. — COMMENT PRÉPARER LES LÉGUMES A LA CONSERVATION.

Pour préparer efficacement les légumes à la Conservation, il convient de les forcer par la saumure à rendre l'eau surabondante, ainsi que les matières âcres et fermentescibles.

En général, toute préparation au vinaigre comprend deux phases distinctes : la phase d'attente ou d'élimination et la phase d'action ou de macération. La première est de courte durée ; au cours de celle-ci l'action du sel fait exprimer l'eau et avec elle l'âcreté contenues dans les légumes que la cuisson enlèverait. C'est donc dans ce but qu'il vous faut faire macérer les Cornichons, les Capucines, les Câpres, les Aubergines, les Melons, les Tomates vertes vingt-quatre heures dans le sel, avant de les mettre au vinaigre.

Vous pouvez dans quelques cas que je vous indiquerai, remplacer cette avant-préparation par une immersion temporaire de vingt-quatre heures dans le vinaigre bouilli. Procédez à cette macération en deux fois, pour quantité de légumes : à dix jours d'intervalle pour les Choux rouges, à quinze jours pour les Pickles, les Aschards.

Pour d'autres, il vous faut même complètement renouveler la saumure vinaigrée, tels les Poivrons. Pour d'autres encore il vous faut ajouter un tiers de vinaigre, notamment pour les Choux-Fleurs, Betteraves rouges, Poireaux, Céleris-Raves, Radis gris ou noirs.

La phase d'action ou de macération correspond au temps que mettent les légumes à confire dans le vinaigre, ce qui demande un maximum de deux mois pour la plupart des espèces, si vous tenez à les servir avec toutes leurs qualités.

Le vinaigre bouillant est préférable pour la première immersion des légumes qui n'ont pas bénéficié de l'action bienfaisante de la saumure naturelle.

Voici comment il faut procéder pour l'ébullition de celui-ci :

1° Faites bouillir le vinaigre dans un récipient en émail si vous ne possédez pas de bassine en cuivre non étamée ; mais n'employez jamais une casserole en fer étamé qui produit une désorganisation du vinaigre.

2° Si vous tenez à conserver plusieurs bocaux ensemble, assurez-vous à l'avance de la quantité de vinaigre qui vous est nécessaire, ajoutez-y un cinquième supplémentaire du volume total, car en bouillant pendant quatre minutes environ, le vinaigre s'évapore rapidement et lors de la deuxième ébullition vous devriez mettre une nouvelle quantité chauffer pour combler cette perte, les légumes devant être complètement recouverts par le vinaigre. Gardez-le donc dans un récipient spécial à l'abri de l'air et ajoutez-le à la deuxième ébullition du vinaigre.

Si pour vos réserves vous employez des bocaux fragiles « genre bocaux à Cerises » dont vous craigniez, avec raison, le bris, déposez les légumes — pour la première immersion — dans un grand récipient en faïence, en grès, pouvant sans crainte supporter la température du vinaigre bouillant, renversez celui-ci dessus et attendez le temps nécessaire. Lors de la deuxième ébullition qui a pour but de relever le degré du vinaigre, enlevez les légumes, mettez-les en bocaux, laissez refroidir le vinaigre dans le récipient où il a bouilli ou dans l'ustensile initial et versez-le seulement sur les légumes après complet refroidissement ; bouclez et mettez à l'abri de la chaleur

LES CONSERVES A LA MAISON

et de l'humidité. Si vous adoptez au contraire les bocaux de Conserves aux verres « éprouvés » supportant la température de l'eau bouillante, vous supprimez une manutention et il vous est possible de mettre en flacons les légumes aussitôt que les soins de propreté leur sont donnés et lorsque ceux-ci ont uniquement besoin des bouillons vinaigrés.

VII. — RÉCIPIENTS POUVANT ÈTRE UTILISÉS.

Il n'est pas utile de faire l'acquisition d'un matériel spécial et de nombreux bocaux pour conserver les préparations au vinaigre ; on dispose toujours dans un ménage de : pots à confitures en verre, bocaux cylindriques ou à gorge, « bocaux à Cerises », récipients en grès, bouteilles d'échantillons ; naturellement le verre est toujours préférable ; c'est la matière idéale dans laquelle aucun produit, même le plus acide, ne peut être désorganisé. Ces multiples formes et matières peuvent fort bien garder tous les légumes que vous voudrez leur confier.

A l'exception des Cornichons, des Pickles, des Variantes dont l'emploi est toujours assez large en cuisine, je vous conseille d'employer les flacons en verre d'un demi-litre pour les hors-d'œuvre, les petits flacons d'un quart de litre pour les préparations devant servir de garniture aux viandes froides et dont le contenu peut être utilisé en une seule fois.

VIII. — COMMENT BOUCHER LES FLACONS.

Une bonne fermeture est aussi indispensable dans la préparation des légumes au vinaigre que pour les Conserves préparées par la méthode Appert.

PRÉPARATIONS AU VINAIGRE ET AU SEL

Le liège, le parchemin, la vessie de porc, la cire, les linges, le papier parcheminé ou paraffiné sont les moyens de fermetures couramment employés. En effet, si le principe est le même pour tous les flacons : éviter l'évaporation du vinaigre et son affaiblissement en bouchant le mieux possible, l'application est différente, en raison des sortes de récipients employés.

Bouchez de préférence les petits flacons ou bouteilles d'échantillons à ouverture réduite destinés à recevoir les Câpres, Capucines, Estragon, Quetsches, Cerises, Olives, avec des bouchons de liège très fin, longs ; et cachetez.

Bouchez les flacons en verre à ouverture moyenne genre « bocaux à Cerises » avec un liège plat préalablement ébouillanté, recouvrez d'un papier parcheminé, encapuchonnez de linges, de parchemin ou de vessie de porc.

Les pots en grès dont l'ouverture trop grande ne permet pas l'application du liège sont les moins employés. Assurez leur fermeture d'une façon plus rudimentaire : un papier parcheminé recouvert d'un gros parchemin renforcé lui-même sous un carré épais de linge fait de quatre épaisseurs constitue leur fermeture ; ou bien, utilisez encore la vessie de porc parfaitement nettoyée et aseptisée par un lavage à l'eau chaude, protégée par des linges intérieurement et extérieurement.

Si vous employez les flacons à fermeture hermétique, ces soins sont supprimés puisqu'il suffit de verser le liquide bouillant dans ceux-ci pour obtenir la fixation du couvercle.

Pour boucher dans de bonnes conditions, faites subir au liège une sorte d'ébouillantage avant de le mettre en contact avec le produit qu'il doit isoler de l'air, le liège le plus fin étant susceptible de donner un goût désa-

LES CONSERVES A LA MAISON

gréable « de bouchon » ; cet ébouillantage a pour but de détruire les petits animalcules ou champignons du liège. Avant de boucher un flacon quel qu'il soit, mettez le liège à l'eau bouillante pendant cinq à sept minutes et laissez-le infuser dans celle-ci sans bouillir bien entendu. Vous pouvez encore mettre tremper le liège dans le vinaigre pendant un temps égal ; cette pratique, moins couramment usitée est également bonne.

Lorsqu'après ce temps, le liège est en quelque sorte aseptisé, vous pouvez l'utiliser et couvrir les flacons en verre et les petits flacons d'échantillons.

Malgré ces précautions, le liège communique parfois encore un goût désagréable ; pour garantir complètement le produit, aussitôt ébouillanté, enveloppez le bouchon dans un linge de toile fine absolument propre ou dans du papier parcheminé. Dans ce but, taillez la rondelle 2 à 3 centimètres plus large que le bouchon lui-même de façon qu'elle remonte en collerette autour de lui. Appuyez alors les doigts sur cette fermeture — en suivant les limites de la circonférence — et forcez le bouchon à entrer dans l'orifice du bocal. Cela fait, encapuchonnez-le en recouvrant le goulot avec du parchemin ou des linges très propres, du papier paraffiné et retenez les bords plissés avec une ficelle que vous nouez solidement autour du col du flacon.

Ordinairement, les bouchons ébouillantés sont un peu plus larges que l'orifice supérieur de la bouteille, et pénètrent avec de grandes difficultés ; le bouche-bouteille à main est très pratique pour les forcer à s'inscrire dans le goulot, mais si vous n'en possédez pas, vous pouvez vous en passer en procédant ainsi : frappez avec un marteau sur le tour du bouchon en le tournant uniformément et faites-le pénétrer dans la bouteille à l'aide d'un maillet ou d'une tapette ; si l'un et l'autre font défaut, un simple bout de planchette remplit le même office et le bouchon s'enfonce alors sans difficulté dans le col du flacon.

Pour cacheter à la cire le haut de la bouteille, faites en sorte que la couche soit unie, cachant complètement le bouchon et descendant même sur le verre pour éviter tout contact avec l'air extérieur.

Pendant le bouchage des bouteilles, faites fondre la cire dans un récipient dont vous avez fait le sacrifice à l'avance. Lorsqu'elle est fondue et bouillonne légèrement, introduisez le col du flacon renversé dedans et faites-le tourner sur lui-même pour qu'il en soit complètement recouvert ; ne l'enfoncez pas trop bas cependant pour éviter la casse des verres. Vous pouvez cacheter plus simplement encore en employant la cire en bâton, elle rend le même service, et sa manipulation est moins dangereuse pour les débutantes.

IX. — QUELQUES CONSEILS POUR RÉUSSIR.

Ne préparez les Conserves au vinaigre que pour l'année en cours, si vous désirez les consommer avec toutes leurs qualités.

Employez du bon vinaigre — vinaigre de vin blanc — pour les bouillons et les saumures ; n'économisez pas sur son prix, c'est un mauvais calcul.

N'employez jamais du vinaigre aromatisé artificiellement ; le mieux est encore de le préparer vous-même avec les aromates frais.

Préférez — pour la majeure partie des préparations — les petits bocaux dont la provision peut être épuisée en une seule fois et pour les condiments les flacons dits d'échantillons.

LES CONSERVES A LA MAISON

Faites bouillir le vinaigre dans un récipient en émail ou en cuivre, le fer le désorganise.

Utilisez uniquement les légumes sains fraîchement cueillis et d'une propreté minutieuse.

Dosez les aromates et les condiments ajoutés aux légumes.

Le vinaigre doit toujours recouvrir les légumes d'au moins 4 à 5 centimètres de façon à former une couche isolante entre l'air et le produit.

Pour le bouchage des flacons, entourez-vous de toutes les garanties possibles; ébouillantez les lièges pour les aseptiser.

Gardez vos bocaux dans un local sain sans humidité, la sécheresse est préférable.

X. — SAUMURES SIMPLES AU VINAIGRE ET AROMATISÉES.

Bien que le principe de conservation soit le même pour tous les légumes, les saumures diffèrent souvent avec la sorte employée et offrent une plus grande variété que dans les Conserves de légumes par la stérilisation. Voici notamment cinq sortes de saumures: la saumure naturelle; la saumure froide sans vinaigre; la saumure vinaigrée chaude ou saumure forte; la saumure aromatisée; la saumure mixte.

Chacune d'elles n'est en réalité qu'un bain d'épuration qui possède un pouvoir antiseptique inoffensif, composé de subtances identiques, mais réparties et dosées diversement. Dans ces saumures, les aromates et les herbes à parfum dont le goût ne se dénature pas, jouent un rôle très important.

Règle générale, lorsque la macération se fait en deux étapes et comprend une saumure vinaigrée, renforcez celui-ci en le faisant bouillir une seconde fois, car il est affaibli par l'eau que rendent les légumes. Au contraire, jetez la saumure lorsque la macération se fait dans l'eau salée ou que le sel est répandu sur les légumes.

Voici du reste la manière de composer et de préparer les unes et les autres.

1° *Saumure naturelle :* La saumure naturelle est produite par la dissolution du sel avec l'eau contenue dans quelques légumes sans aucune autre addition. Pour l'obtenir, étendez alternativement une couche de légume et un lit de sel jeté en pluie aussi uniformément que possible. Après quelques heures l'action déshydratante du sel fait exprimer l'eau des légumes, dans laquelle ils baignent. N'importe quel produit frais doit y macérer vingt-quatre heures.

2° *Saumure liquide froide :* La plus ordinairement employée est celle titrant 3 degrés, mais les saumures légères sont également utilisées.

Pour la saumure à 3 degrés, faites fondre sur le feu dans un litre d'eau 25 grammes de sel. Chauffez en remuant, jusqu'à la dissolution complète de celui-ci. Préparez la saumure légère, comme ci-dessus, mais avec : eau 1 litre, sel 10 grammes.

3° *Saumure vinaigrée chaude :* Pour la préparer dans d'excellentes conditions, mettez le vinaigre chauffer doucement, ajoutez 15 à 20 grammes de sel fin par litre et mêlez le tout pour accélérer la dissolution. Laissez bouillir quatre minutes et versez chaud sur les légumes ou laissez refroidir suivant la sorte employée.

Remettez généralement à bouillir cette saumure quelques jours après en y ajoutant un cinquième de son volume de vinaigre neuf, pour compenser la perte de l'ébullition et versez-la froide sur les légumes après cette seconde ébullition.

4° *Saumure aromatisée :* Même composition que la précédente en ajoutant des condiments aromatiques en quantités définies. En voici les proportions :

Vinaigre, un litre ; petits oignons, 25 ; poivre blanc, 20 grains ; sel fin, 15 grammes ; clous de girofle, 4 ; estragon, 6 branchettes.

Préparez la saumure aromatisée comme la précédente en ajoutant les condiments avant l'ébullition ; ils peuvent être, selon votre préférence, ou retirés lorsque vous versez le vinaigre sur les légumes, ou laissés dans celui-ci.

5° *Saumure mixte :* Mettez à chauffer du vinaigre auquel vous ajoutez un tiers d'eau, faites bouillir quatre minutes et terminez ainsi qu'il est dit pour la saumure vinaigrée chaude ; même observation pour la deuxième ébullition.

Notez que cette saumure est moins active que les précédentes, aussi ne l'employez qu'à chaud et pour les Conserves faites en vases clos comme celles des Betteraves, Céleris-Raves et tranches de gros Radis.

CHAPITRE XVII

PRÉPAREZ LE VINAIGRE
VOUS-MÊME

I. Comment faire du bon vinaigre. || II. Utilisation du vinaigre. || III. Comment arrêter la fabrication. || IV. Congélation et ébullition renforcent le vinaigre. || V. Vinaigres de fleurs.

Le vinaigre (« vin aigre »), nous dit M. Letellier dans la *Vie à la Campagne*, se produit par la transformation de l'alcool du vin en acide acétique. Cette transformation est l'œuvre d'un ferment (le ferment acétique), être infiniment petit, visible seulement au microscope et qui ne peut travailler que dans *un milieu déjà acide*, à une *température convenable* et *parfaitement aéré*.

Si l'acidité primitive n'existe pas, un autre infiniment petit, un ferment encore (le ferment de la *fleur* du vin) se développe concurremment pour donner, au lieu de bon vinaigre, un liquide que l'on ne peut guère comparer qu'à de l'eau sale.

Le problème se résume donc à ceci : Favoriser le développement du ferment acétique et au contraire enrayer le plus possible celui du ferment de la « fleur ».

Le choix d'un milieu acide et d'une température convenable suffisent pour y arriver.

LES CONSERVES A LA MAISON

I. — COMMENT FAIRE DU BON VINAIGRE.

Prenez tout d'abord un baril d'une vingtaine de litres cerclé de bois (les cercles en fer étant rongés par le vinaigre) ; élargissez-en le trou de bonde (qui devra avoir 10 à 15 centimètres de long et de large) et percez un trou de 3 à 4 centimètres de diamètre vers le tiers supérieur d'un des fonds, de façon à permettre ultérieurement la libre circulation de l'air à la surface du liquide. Si vous le désirez, vous trouverez, dans le commerce, des barils appropriés peu profonds et qu'un crochet spécialement disposé permet de suspendre contre un mur. Puis mettez un petit robinet comme vous le feriez pour un tonneau de vin quelconque.

Faites ensuite *bouillir* 2 litres de *bon vinaigre fort*, le meilleur possible (qui vous donneront le milieu acide nécessaire au développement acétique), que vous introduirez dans le baril avec 2 litres de vin (fonds de bouteilles, de tonneaux, ou autre) clair, filtré, *débarrassé de sa lie* s'il y en a, et laissez le tout en repos, après avoir recouvert le trou de la bonde d'une étoffe grossière permettant le passage de l'air, mais retenant les poussières et les impuretés.

Les vins pesant 7 à 8 degrés d'alcool donnent les meilleurs vinaigres. Les vins trop forts ne conviennent pas et doivent être ramenés à 7 ou 8 degrés par addition d'eau. Les vins trop faibles au contraire, sont facilement envahis par le ferment de la fleur et doivent être remontés en alcool avant de les mettre en travail.

Mais faites attention, le ferment acétique, que nous nous proposons d'obtenir, a, comme tout être qui vit, des exigences spéciales : *il aime la chaleur*. Aussi placez votre tonnelet dans un local à température à peu près constante, voisine de 25 à 30 degrés. La cuisine convient à merveille. Ne placez jamais le baril à la cave, par exemple, car la température y est trop basse, et beaucoup d'insuccès ne sont imputables qu'à cette unique cause.

Les premiers ferments sont apportés dans le liquide par l'air ou par les mouches du vinaigre, et, au bout de quelques jours, il se forme à la surface un voile rosé qui va s'épaississant. C'est la *mère du vinaigre* formée par la réunion d'une quantité considérable de ferments.

Gardez-vous bien surtout de briser ce voile et par suite *de noyer la mère, car, plongé à l'intérieur du liquide, le ferment ne vit plus* de la même vie. N'ayant plus d'air à sa disposition, il s'attaque à l'acide acétique formé et le détruit, *affaiblissant le vinaigre d'autant.* Sept à huit jours après le commencement de l'opération, ajoutez de nouveau 2 litres de vin clair, et continuez de même tous les huit jours, jusqu'à ce que votre baril soit environ aux deux tiers plein.

Pour éviter de briser la mère pendant ces additions, servez-vous d'un entonnoir en verre à long tube conduisant le vin à la partie inférieure du liquide, bien au-dessous de la mère, entonnoir que vous trouverez facilement chez n'importe quel marchand de verrerie.

II. — UTILISATION DU VINAIGRE.

Environ sept à huit jours après la dernière addition de vin, c'est-à-dire au bout de cinq à six semaines, l'opération est terminée, le vinaigre est fait. Vous pouvez alors, *tous les huit jours,* soutirer 1 litre de vinaigre, que vous remplacez immédiatement par une même quantité de vin clair, toujours avec l'entonnoir à long tube. Rendez-vous compte alors de la marche normale de l'acétification en plongeant dans le liquide, tous les cinq à six jours, par l'orifice de bonde, une baguette de bois que vous retirez aussitôt. Si le bâton est recouvert d'une écume blanchâtre, tout va bien. Si au contraire l'écume est rouge et peu abondante, le travail se fait mal, et il y a lieu soit d'ajouter un peu de vinaigre bouilli, soit d'élever la température du local où se trouve le baril.

C'est qu'en effet, en même temps que le ferment acétique, il se développe dans le baril une grande quantité de petits animalcules que l'on appelle « anguillules », qui, comme lui, ont besoin, pour vivre, d'oxygène qu'ils puisent dans l'air.

Or, si la fermentation marche bien, tout l'oxygène est pris par le ferment à la surface du liquide, et les anguillules sont obligées d'aller en chercher le plus haut possible, le long des parois du tonnelet, sur lesquelles elles forment une couche gluante rouge. Au contraire, quand l' « acétification » ne se fait pas bien, ces anguillules prennent à la surface du liquide la place des ferments, et c'est alors que votre bâton en est recouvert quand vous le retirez du liquide. Si, l'acétification marchant bien, vous vous apercevez que la mère du vinaigre devient trop épaisse et qu'elle soit en partie immergée, enlevez-en une portion en opérant avec précaution, à l'aide d'une écumoire ou d'une cuiller, car les couches inférieures étant noyées détruiraient l'acide acétique, formé ainsi que je vous l'ai déjà dit.

III. — COMMENT ARRÊTER LA FABRICATION.

Le ferment acétique vivant aux dépens de l'alcool qui,

pratiquement, lui sert en quelque sorte d'aliment, doit *toujours* avoir à sa disposition de l'alcool à transformer. S'il en manque, il s'attaque encore à l'acide acétique. En goûtant votre vinaigre vous constatez qu'il s'affaiblit. C'est ce qui se produit, par exemple, si votre consommation, n'étant pas assez élevée, les additions de vin dans le baril ne sont pas assez fréquentes (au moins tous les sept à huit jours). Le mieux, dans ce cas, est d'arrêter la fabrication dès que le vinaigre est fait. Pour cela, soutirez complètement votre vinaigre dans des bouteilles bien propres, en le filtrant, si besoin est, au moyen d'un tampon de coton hydrophile placé au fond de l'entonnoir.

Puis, après les avoir munies de bouchons neufs, couchez ces bouteilles à la cave à la température de 12 degrés au plus, pour être prises au fur et à mesure des besoins. Vous avez ainsi, avec votre baril de 20 litres, 12 à 14 litres de bon vinaigre, qui se conserve parfaitement. Quant au tonnelet, nettoyez-le convenablement et placez-le à la cave en vue d'une fabrication ultérieure, que vous devez commencer en temps voulu pour ne pas manquer du précieux condiment.

Le vinaigre de vin est incontestablement le meilleur ; toutefois vous obtiendrez encore de bons produits en remplaçant le vin par du cidre (en y ajoutant alors un peu d'alcool), du poiré et de la bière. Les vinaigres de cidre et de poiré sont assez agréables, malgré leur petit goût spécial. Quant à celui de bière, il n'est pas malsain, mais il est toujours amer, et il est très difficile de l'obtenir clair.

LES CONSERVES A LA MAISON

IV. — CONGÉLATION ET ÉBULLITION RENFORCENT LE VINAIGRE.

Ces deux procédés, dont l'un peut être seulement appliqué l'hiver, donnent au vinaigre une force nouvelle; et le premier lui conserve son arome intact en lui enlevant une partie de l'eau qu'il contient.

Lorsque vous voulez renforcer le vinaigre par l'ébullition, faites-le bouillir cinq minutes comme pour la saumure chaude (Chap. XVI, § 10).

Si au contraire vous préférez lui faire regagner son degré par la congélation : exposez le au froid dans une terrine large pour que la surface supérieure se prenne en glaçon. Enlevez cette glace dès sa formation. En répétant une ou deux fois cette opération qui enlève chaque fois une partie de l'eau, vous obtenez le degré voulu.

V. — VINAIGRES DE FLEURS.

Il est possible de composer avec quelques fleurs d'odeur agréable et délicate, du vinaigre parfumé délicieusement que vous pouvez utiliser dans les salades ou dans l'eau glacée pour les rafraîchissements de l'été : vinaigre de Framboises, vinaigre d'Œillets pour ne citer que ceux-ci.

Vinaigre d'Œillets. — Faites macérer des Œillets très odorants ou les Œillets blancs ou roses mignardises dans un litre de bon vinaigre de vin pendant quatre semaines environ. Filtrez, mettez en bouteilles, cachetez et transportez celles-ci dans un local sain et sec plutôt qu'humide. Ce vinaigre est excellent pour la salade.

Vinaigre framboisé. — Faites macérer 125 grammes

de Framboises dans un litre de vinaigre de vin pendant douze à quinze jours. Filtrez et terminez comme pour le vinaigre d'Œillets.

En plus de son utilisation pour l'assaisonnement des salades de toute espèce, une cuiller à café de ce vinaigre dans un verre d'eau fraîche et sucrée, constitue une boisson rafraîchissante à l'époque des grandes chaleurs.

CHAPITRE XVIII

LES BETTERAVES ROUGES

I. Prenez des racines moyennes et bien colorées. || II. Trois façons de cuire les Betteraves. || III. Pelez les racines sans couteau. || IV. Coupez les racines en tranches. || V. Préparation au vinaigre. || VI. Préparation mixte.

Hors-d'œuvre d'hiver, parure éclatante des salades pâles ou décolorées, les Betteraves rouges sont exquises.

Leur préparation en Conserve n'est pas plus connue que leur emploi en cuisine, et c'est se priver d'une grande ressource, au moment où le choix des légumes est si restreint, que de ne pas les préparer au vinaigre, car leur chair, fraîche, parfumée légèrement par la cuisson, s'accommode bien des deux procédés suivants, et donne une excellente provision qui permet d'attendre les Tomates et les Concombres. Toutefois, la longue macération dans le vinaigre leur donne beaucoup d'acidité, ce dont doivent se méfier les personnes qui n'aiment pas cela. A ces personnes nous recommandons donc préférablement, après avoir préparé les Betteraves ainsi que nous l'indiquons ci-dessous, de les conserver à l'eau sans vinaigre, comme les Légumes stérilisés (Volume II de cet ouvrage, Chap. XXI, § 2).

SUCCESSION DES OPÉRATIONS. — Préparation au

LES BETTERAVES ROUGES

Vinaigre : *Lavez, brossez doucement les Betteraves et cuisez-les à l'eau bouillante. Pelez, fractionnez leur chair en rondelles, mettez en flacons avec vinaigre et poivre blanc ; bouchez.* — Préparation mixte : *Préparez les Betteraves comme ci-dessus, mouillez d'un bouillon vinaigré. Deux jours après, videz le liquide ; faites bouillir à nouveau ; versez chaud sur les Betteraves. Bouchez.*

Vous pouvez également, dans les deux cas, conserver les racines entières si vous le jugez bon et surtout si la grandeur de vos flacons s'y prête ; je dois vous prévenir cependant que les Betteraves sont alors moins uniformément saturées de vinaigre.

I. — PRENEZ DES RACINES MOYENNES ET BIEN COLORÉES.

Employez une espèce très charnue et sucrée, les meilleures sont : la Betterave rouge longue, la Betterave crapaudine, la noire plate d'Egypte. A défaut, utilisez celles des variétés cultivées dans votre jardin ou que vous pourrez plus facilement vous procurer. Préférez en outre les racines très colorées parce qu'elles ont plus de saveur que les pâles ; choisissez-les moyennes, bien faites et ne tolérez ni piqûres, ni atteintes de maladie. Lorsque vous devez les acheter, évitez les racines humides, fleuries de champignons ; préférez des racines saines, d'un rouge très mat et prenez soin également de les piquer pour constater leurs qualités comestibles ; lorsqu'elles sont dures, amères ou insuffisamment cuites, le couteau pénètre avec difficulté. C'est le moyen de contrôle le plus juste, à moins de s'en assurer en goûtant les légumes.

II. — TROIS FAÇONS DE CUIRE LES BETTERAVES.

Les racines achetées sur les marchés sont ordinairement

cuites ; vous n'avez donc pas à vous préoccuper de cette opération. Par contre, voici des indications pour la cuisson de celles produites au jardin. Elle peut être faite de trois façons distinctes : au four, sous la cendre et à l'eau bouillante.

Cuisson au four : débarrassez les racines de la terre dont elles sont maculées en les lavant à la brosse douce, afin de ne pas endommager l'épiderme. Laissez-les séjourner peu de temps dans l'eau — juste celui nécessaire au nettoyage — essuyez-les. Mettez les racines sur la plaque d'un four doux dont le foyer doit être maintenu très sourd, et laissez cuire ainsi cinq heures environ ; le four du boulanger, lorsque « le pain est retiré », constitue l'étuve idéale, car la chaleur s'y maintient égale et douce fort longtemps.

Cuisson dans la cendre chaude : je ne signale celle-ci que pour mémoire ; bien qu'elle soit parfaite, on la pratique moins couramment que la suivante. Après les soins de propreté, cuisez les Betteraves sous la cendre chaude pendant quatre heures environ, absolument comme les Pommes de terre.

Cuisson dans l'eau bouillante ou à l'étouffée : lavez, brossez les Betteraves comme précédemment ; mettez aussitôt les racines dans une marmite ou un chaudron rempli d'eau bouillante salée, comme pour une cuisson ordinaire. Laissez cuire lentement pendant deux heures environ jusqu'à ce que les Betteraves soient tendres. Procédez de même pour la cuisson à l'étouffée, sauf que les racines ne doivent pas tremper dans l'eau, mais être simplement cuites par la vapeur. Assurez-vous dans les deux cas de leur complète cuisson en piquant leur chair avec une aiguille fine ; celle-ci doit pénétrer sans difficulté.

(126)

Dressez-les aussitôt, et faites refroidir les Betteraves sans soins spéciaux, sur une clayette d'osier ; mais jamais sur du bois ou autre matière pouvant communiquer un parfum à la chair, et ne les employez pas avant leur refroidissement complet.

III. — PELEZ LES RACINES SANS COUTEAU.

De quelque façon que vous cuisiez les Betteraves, la chair est très fragile, se casse et s'arrache facilement en morceaux, si vous employez ou dirigez maladroitement le couteau.

Pour l'épluchage, incisez longitudinalement l'épiderme de la Betterave en dirigeant votre couteau, le fil de la lame en l'air, afin de ne pas entamer la chair. Cette incision est très facile, la peau coriace s'est ridée à la cuisson et se soulève d'elle-même par endroits; profitez donc d'une pareille condition pour tracer votre ligne. Maintenant, au lieu de peler directement la racine avec les doigts ou le couteau, car le rouge les teinte désagréablement, munissez-vous d'un papier soyeux légèrement parcheminé. Recouvrez-en la face interne de la main droite à la manière d'une moufle, et opérez ainsi : prenez la racine de la main gauche, juste par le milieu, et de telle façon que les deux premiers doigts soient sur le même plan ; avec la droite protégée de papier, pressez doucement sur la peau avec le pouce d'une part, tandis que les autres doigts, approchant les bords même de l'incision, la déchirent de l'autre côté, raclant d'un seul coup une surface sur une longueur de 5 centimètres environ. Déplacez les doigts qui tiennent la racine, et en deux ou trois fois la Betterave est pelée, tandis qu'avec le couteau le travail s'opère lentement et moins proprement, la peau cédant par petites fractions, qu'il est fort difficile de reprendre ensuite.

Veillez bien à ce que vos racines n'aient plus aucune parcelle de peau avant de les réduire en tranches; si leur propreté vous laisse quelque doute — surtout quand elles sont achetées — lavez-les rapidement à l'eau froide courante, et roulez-les dans un linge sec pour enlever l'humidité.

IV. — COUPEZ LES RACINES EN TRANCHES.

Servez-vous d'un couteau à lame mince et bien tranchante. Placez la racine à sectionner sur une table de cuisine, une planche à hacher, etc., de façon à avoir plus de stabilité.

Si la racine est longue et effilée, abattez d'abord « en sifflet », à son extrémité inférieure, 4 à 5 centimètres de longueur, de manière à obtenir de suite des rondelles d'un calibre normal. Cet enlèvement n'est pas une perte, car le plus souvent l'extrémité de la racine est filandreuse et sans saveur. Découpez ces rondelles en biseau — la forme ronde n'est pas très recherchée — et donnez à chacune 3 à 5 millimètres d'épaisseur; plus fines elles se casseraient. Ne coupez pas jusqu'au haut du collet ; il est encore indispensable de sacrifier quelques centimètres, car la chair à cet endroit redevient grossière. Donc, aussitôt que vous sentez une résistance et devinez que les rondelles sont pâteuses et fibreuses, jetez l'extrémité.

V. — PRÉPARATION AU VINAIGRE.

Mettez les rondelles en bocaux en verre ou en grès d'un demi-litre environ, un quart de litre même, per-

FIG. 51. — MISE EN FLACONS DES BETTERAVES.

*Aidez-vous, pour la mise en flacons, du couteau pointu et de la batte ; piquez
à peine dans la chair de la Betterave et faites reposer la rondelle sur la batte
qui facilite la mise en flacon.*

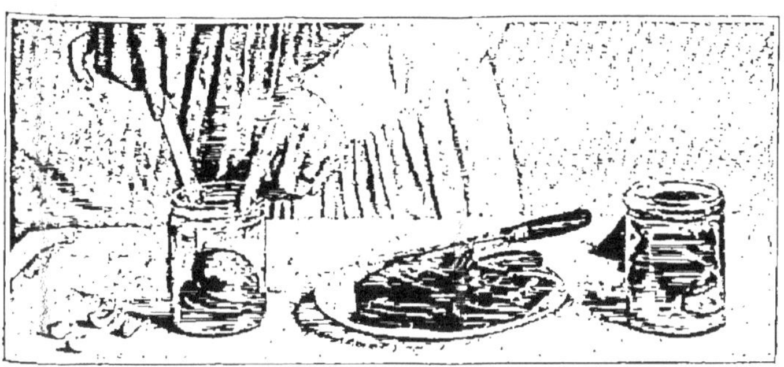

FIG. 52. — PLACEZ LES RONDELLES EN COURONNE.

*Dès que la rondelle de Betterave est introduite dans le flacon, dirigez la batte
en plan incliné, de façon qu'elle glisse dessus et se place d'elle-même. Chevau-
chez-les les unes sur les autres, de manière à en loger le plus possible.*

FIG. 53. — BOUCHEZ LE FLACON AU PARCHEMIN.

*Pour plus de sécurité, recouvrez le bouchon de liège d'un papier parcheminé,
encapuchonnez le col du flacon avec un linge de lessive ou un morceau de parchemin et liez solidement avec une ficelle.*

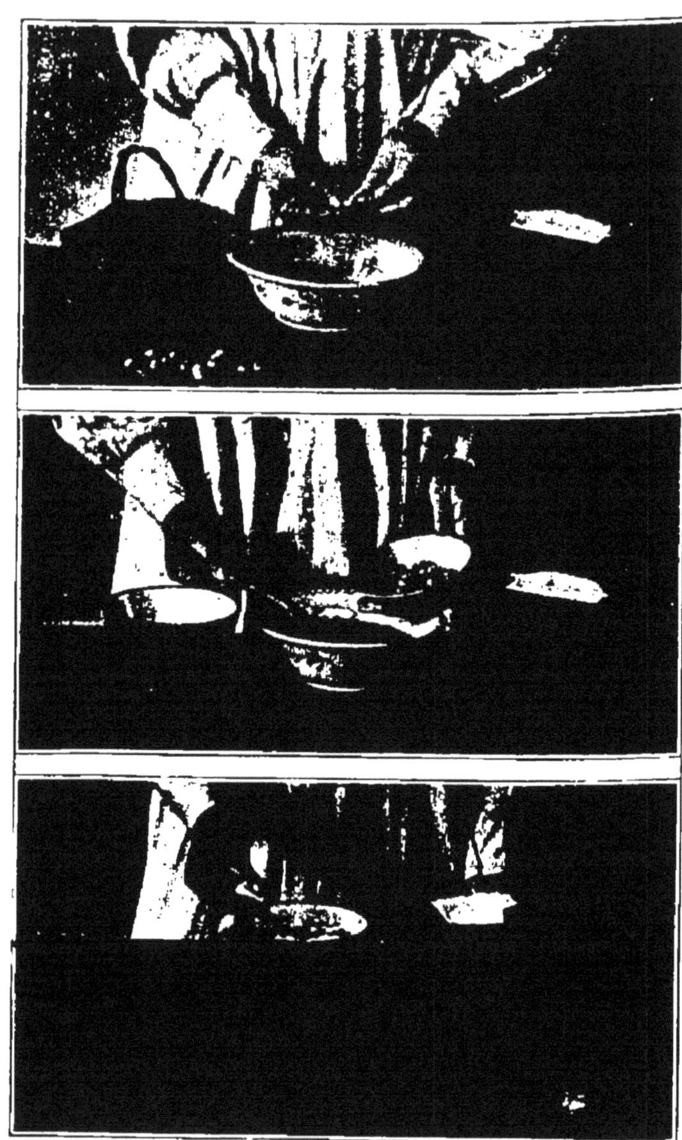

FIG. 54, 55, 56. — SÉPAREZ, LAVEZ ET FAITES MACÉRER
LES GRAINES DE CAPUCINES.

Détachez les trois graines tréflées et lavez à l'eau courante. Mettez-les aussitôt macérer dans le sel pendant 24 heures.

mettant d'utiliser le tout en une seule fois ; si vous mettez en Conserves les Betteraves sans les couper, les litres sont particulièrement indiqués.

Placez les rondelles en couronne contre la paroi, chevauchées les unes sur les autres, de manière à en loger le plus possible, et aidez-vous d'une spatule plate. Couvrez d'un bouillon vinaigré, préalablement bouilli et salé, composé de vinaigre sans aromate, dans lequel vous dispersez quelques grains de poivre blanc. Bouchez avec un bouchon de liège et encapuchonnez ainsi que nous l'indiquons Chap. XVI, § 8.

VI. — PRÉPARATION MIXTE.

Mettez les rondelles — obtenues comme précédemment — en flacons ; placez-les suivant la manière indiquée ci-dessus.

Composez un bouillon de mouillage constitué d'eau bouillie et de vinaigre dans les proportions suivantes : vinaigre, deux tiers ; eau, un tiers ; sel, poivre suivant votre goût. Mêlez bien le tout, et versez-le sur les tranches de Betteraves ; laissez reposer pendant deux jours entiers. Faites à nouveau bouillir le bouillon vinaigré pendant quatre minutes et versez-le bouillant sur les rondelles de Betteraves. Si vous utilisez les récipients en verre du bouchage hermétique, les flacons se fermeront d'eux-mêmes comme pour la sauce Tomate (Volume II de cet ouvrage, *Les Conserves de Légumes*) ; au contraire, si vous employez des verres ou flacons différents, attendez que le vinaigre soit refroidi et bouchez au liège.

Plus douce que la précédente, bien qu'elle soit destinée aux mêmes usages, il vous faudra probablement renforcer l'assaisonnement quand vous l'utiliserez.

LES CONSERVES A LA MAISON

Vous apprécierez, je l'espère, ces deux procédés de Conserve de Betteraves, qui vous fourniront pour le printemps et l'été, lorsque vous ne disposez plus de racines fraîches, des éléments de hors-d'œuvre à la saveur piquante et agréablement acidulée.

———

CHAPITRE XIX

LES CAPRES

I. Deux façons de conserver les Capres. || II. Comment préparer de bonnes capres au vinaigre. || III. Faites sécher les Capres a l'ombre.

Les Câpres semblent être, à deux points de vue, la préparation méridionale par excellence ; d'abord parce que leur maturité dans ce pays permet de les conserver avec toutes leurs qualités ; ensuite en raison du rôle important qu'elles jouent dans les préparations culinaires de ce pays.

Le Câprier pousse, en effet, exclusivement au pays de l'Olivier et ses branches sarmenteuses se couvrent chaque année — lors de la belle saison — de milliers de boutons : fleurs futures, si la plupart d'entre eux n'étaient cueillis en vue de préparations au vinaigre.

I. — DEUX FAÇONS DE CONSERVER LES CAPRES.

Ce sont, en effet, les boutons charnus de ces fleurs, que vous pouvez conserver — de deux façons différentes — qui constituent pour les sauces blanches et piquantes, en raison de leur parfum et de leur finesse acidulée, un ajouté très apprécié. Le point important, dans cette Conserve, est l'époque de la cueillette, il est absolument nécessaire de saisir le moment propice : les boutons floraux trop gros n'ont plus de valeur et les petits en confisant dans le vinaigre diminuent encore quelque peu ; aussi visitez souvent les arbustes. Cette cueillette s'effectue de juin à septembre. Récoltez donc les jeunes boutons bien formés.

La première façon, d'une grande simplicité, n'est qu'un pastiche de la conservation des Cornichons ; quant à la seconde, un peu plus longue par ses manutentions, c'est une méthode plus soignée qui ne peut qu'être favorable aux Câpres.

SUCCESSION DES OPÉRATIONS. — 1ʳᵉ MANIÈRE. — Cueillez les Câpres très jeunes, faites-les macérer dans le sel, égouttez, mettez en flacons, couvrez de vinaigre et bouchez. — 2ᵒ MANIÈRE. — Cueillez, nettoyez et mettez macérer les Câpres dans la saumure. Égouttez, séchez-les à l'ombre. Mettez ensuite en flacons, mouillez de vinaigre, bouchez et rangez dans un local sain.

La première manière n'étant qu'une répétition de la recette des Cornichons au vinaigre, si vous désirez conserver ainsi les Câpres, suivez les indications données Chap. xxv.

II. — COMMENT PRÉPARER DES BONNES CAPRES
AU VINAIGRE.

Cueillez les Câpres juste à la naissance du pédoncule, bien vertes, jeunes et d'égale grosseur autant que possible. Assurez-vous qu'aucune d'elles n'est piquée d'insectes ou abîmée ; dans ce cas rejetez-là.

Après les avoir réunies au fur et à mesure de leur nettoyage dans un récipient profond, renversez-les sur une passoire à pieds ou dans tout autre ustensile perforé pourvu d'un manche. Un tel ustensile donne les avantages suivants : il évite que les Câpres se répandent dans l'eau et par conséquent de vous obliger à les reprendre avec l'écumoire.

Lavez-les vivement en les plongeant dans l'eau froide courante, une simple immersion suffit. Déposez-les sur une serviette d'office très spongieuse et enveloppez-les dedans ainsi que nous l'indiquons pour les Truffes (Chap. XIV, § 4).

Faites à l'avance la saumure liquide spéciale dans laquelle les Câpres doivent macérer pendant vingt-quatre heures, de manière à ne pas prolonger inutilement les manutentions. A cet effet, préparez-la dès que vous commencez la visite des boutons de Câpres. Mettez chauffer un litre d'eau et ajoutez à ce bain 25 grammes de sel, quelques grains de poivre (six ou sept) laissez bouillir quatre minutes, puis enlevez du foyer et seulement lorsque celle-ci est complètement froide, immergez-y les Câpres.

Prenez une jatte ou coupe de moyenne grandeur, déposez les Câpres au fond, et versez la saumure dessus. Couvrez avec un linge ou un couvercle si l'ustensile en possède un et mettez à l'abri dans un placard.

III. — FAITES SÉCHER LES CAPRES A L'OMBRE.

Après vingt-quatre heures de macération dans la saumure, prenez l'écumoire et levez les Câpres ; déposez-les dans un récipient perforé, tamis ou passoire, où elles puissent seules se débarrasser de la saumure en s'égouttant.

Lorsque vous apercevez que les Câpres sont ressuyées, étendez-les sur une claie ou sur une serviette pour qu'elles sèchent complètement ; mais elles doivent sécher *sans se flétrir*, ne l'oubliez pas. Placez donc la claie ou la serviette à l'ombre.

Comptez environ une demi-heure pour ce séchage, l'absorption de la saumure se faisant d'autant plus vite que la température est plus chaude. Aussi, lorsque vous constatez la sécheresse absolue des Câpres, mettez-les en flacons, et en petits flacons de préférence à tous les autres ; ainsi vous consommerez ce produit avec toutes ses qualités, puisque le contenu peut être utilisé en une seule fois ; et il n'est pas impossible de trouver dans un ménage de petites bouteilles pouvant remplir cet office. Les flacons d'échantillons sont très pratiques pour cela.

Introduisez les Câpres dans les flacons en vous aidant d'une petite cuiller à café si l'ouverture le permet ; lorsque son exiguïté vous en empêche, confectionnez avec du papier pelure très mince un petit cornet, genre cornet à bonbons, coupez l'extrémité conique de manière qu'il y ait une porte de sortie et engagez ce cornet dans le goulot de la bouteille. Versez les Câpres peu à peu par petites cuillerées afin de ne pas obstruer l'orifice ; enlevez le cornet, versez le vinaigre bouillant jusqu'à 5 centimètres des bords du flacon et laissez reposer vingt-quatre heures. Avant la fermeture des flacons ou bouteilles, il ne vous reste plus qu'à y ajouter des aromates sous l'espèce de deux ou trois fines extrémités d'Estragon. Enfoncez-les avec une aiguille ou une baguette de bois et forcez-le à baigner dans le vinaigre. Bouchez et cachetez ainsi que nous l'indiquons Chap. xvi, § 8.

CHAPITRE XX

LES BOUTONS ET LES GRAINES
DE CAPUCINES

I. Comment choisir les graines. ‖ II. Toilette et préparation des graines. ‖ III. Boutons de Capucines.

Vous savez, pour l'avoir expérimenté peut-être, combien les fleurs des Capucine grande et Capucine petite aux brillantes couleurs sont exquises à trouver dans les salades d'été ; mais leurs fleurs passées, les graines peuvent constituer des provisions remplaçant avantageusement les Câpres, surtout lorsque le vinaigre dans lequel elles macèrent est de bonne qualité et bien aromatisé.

Il est également possible de conserver les boutons floraux des Capucines, rappelant un peu par leur forme et leur goût les vraies Câpres ; vous aurez alors une préparation de saveur plus fine. Voici du reste la manière de réaliser l'une et l'autre.

SUCCESSION DES OPÉRATIONS. — Graines de Capucines. — *Cueillez celles-ci avant leur maturité complète, lavez-les à l'eau courante froide et essuyez-les. Mettez-les macérer dans le sel, placez-les en flacons, mouillez de vinaigre, bouchez et cachetez.*

(135)

LES CONSERVES A LA MAISON

Boutons de Capucines. — *Préparation identique à la précédente ; mais bien souvent pour celle-ci la mise au sel est supprimée, ce qui simplifie la préparation.*

I. — COMMENT CHOISIR LES GRAINES.

Visitez les Capucines tous les deux ou trois jours. Lorsque les pétales de la fleur tombent, trois graines oblongues naissent et se soudent entre elles à l'extrémité ; ce sont les futures Câpres. L'emploi de ces graines a sur les boutons floraux double avantage : celui de vous assurer une récolte trois fois plus abondante, puisqu'une seule fleur fournit trois graines condimentaires, et de vous laisser jouir de l'agréable épanouissement des fleurs. Cueillez les graines de préférence le matin et choisissez les vertes et tendres, lorsqu'elles ont atteint la grosseur d'une Câpre ; plus grosses, elles sont trop fermes.

Si vous possédez assez de pieds de Capucines, préparez les graines au fur et à mesure de leur récolte ; mais si vous ne ramassez qu'un petit nombre de graines à la fois, il est préférable de réunir ensemble la cueillette de trois jours par exemple. Dans ces conditions, descendez les graines cueillies à la cave et disposez-les dans un récipient à couvercle si possible, afin de ne pas exposer les graines à l'action desséchante de l'air.

Chaque fois que vous procédez à une nouvelle cueillette, ajoutez là à la précédente et lorsque vous constatez que votre provision est suffisante, traitez-la au vinaigre.

II. — TOILETTE ET PRÉPARATION DES GRAINES.

Enlevez le pédoncule au ras du fruit, séparez l'une de

FIG. 57, 58, 59. — MISE EN FLACONS ET BOUCHAGE.

Employez de préférence les petits flacons, ajoutez aux graines de l'Estragon et des Oignons. Mouillez de vinaigre et bouchez avec un bouchon plat de liège, recouvert de papier parcheminé.

CONSERVES. I.

FIG. 60. — SUPERPOSEZ LES RONDELLES.

Au fur et à mesure que les rondelles tombent de la racine épluchée, ne les mélangez pas. Prenez-les par quatre et superposez-les, bien repérées les unes au-dessus des autres dans les coins et les entailles.

FIG. 61. — FAITES LES BATONNETS RÉGULIERS.

Commencez à couper, sans hésitation, avec un long coutelas d'office. Ne coupez pas avec la pointe, mais avec la partie la plus large. Donnez aux bâtonnets environ 3 millimètres d'épaisseur.

LES BOUTONS ET LES GRAINES DE CAPUCINES

l'autre, les trois graines qui le constituent en le pinçant avec les ongles.

Au fur et à mesure de leur obtention, réunissez les graines dans une passoire profonde; lavez-les avec soin, surtout lorsqu'elles ont été cueillies près du sol et qu'elles sont mouchetées de terre. Rendues nettes et propres par ce lavage, égouttez-les et roulez-les dans un torchon sec pour enlever les traces d'humidité.

Faites-les dégorger dans un petit récipient profond : un bol, un petit saladier, etc., dans lequel vous les étendez par couches en les saupoudrant de sel comme pour la préparation des Cornichons (Chap. xxv, § 5) et laissez macérer pendant vingt-quatre heures.

Aussitôt que les graines de Capucines sont enlevées de la saumure, mettez-les égoutter quelques minutes sur une passoire et disposez-les dans des flacons en verre.

Utilisez préférablement à tous les autres les petits flacons d'échantillons, vous permettant l'utilisation intégrale de leur contenu sans attente nouvelle. Versez ces graines dans les bouteilles, comme je vous l'ai indiqué pour les Câpres (Chap. xix, § 2) et dispersez parmi elles quatre ou cinq graines de poivre blanc, deux ou trois branchettes d'Estragon. Remplissez ensuite le flacon d'excellent vinaigre blanc qui doit recouvrir complètement les graines.

Bouchez et encapuchonnez chaque flacon ainsi que nous l'indiquons Chap. xvi, § 8 comme les Cornichons, après avoir fait tremper préalablement dans de l'eau vinaigrée une rondelle de liège destinée au bouchage, et une feuille de papier parcheminé ou des linges immaculés de dimensions un peu plus grandes. Recouvrez avec ceux-ci le goulot du récipient employé et enfoncez le bouchon. Vous obtenez ainsi une fermeture d'une sécurité parfaite pour le goût et le parfum des condiments confiés à sa garde.

Comme vous ne pouvez opérer que sur des petites quantités de graines à la fois — surtout si vous employez de grands récipients — vous ne pourrez remplir un flacon même en attendant plusieurs jours le produit de cinq ou six cueillettes ; aussi, afin de ne pas les faire trop attendre, préparez la récolte dont vous disposez quand vous la jugez à votre convenance. Ajoutez condiments et vinaigre ainsi que je vous l'ai dit, mais laissez dans le bocal un vide suffisant pour ajouter d'autres graines de Capucines dans les jours qui suivront ; veillez seulement à ce que le vinaigre submerge toujours de quelques centimètres les ingrédients qu'il baigne.

III. — BOUTONS DE CAPUCINES.

Les boutons floraux de Capucines ayant atteint la grosseur d'une Câpre peuvent être conservés comme les graines et le même assaisonnement leur convient parfaitement. Des premières floraisons jusqu'aux dernières, vous pouvez donc faire des Conserves qui ne seront évidemment pas très copieuses, car le bouton floral fournit moins que les graines ; mais c'est l'imitation parfaite de la Câpre fine et agréablement rehaussée du parfum des condiments aromatiques.

Vous pouvez conserver ces boutons de deux façons différentes : 1° comme les graines de Capucines, 2° en répétant les mêmes manutentions moins la macération dans le sel. Par ces deux méthodes, boutons et graines de Capucines se conservent pendant deux années sans la moindre altération.

Voici une troisième manière très simple de préparer les Capucines, qui nous fut donnée : « Prenez un bocal en verre afin qu'il soit plus sensible à l'action des rayons solaires ; versez-y du vinaigre blanc sans dépasser la moitié de sa hauteur, garnissez avec des condiments de haut goût : clous de girofle, ail deux gousses, une branche de thym, des piments verts, des fleurs de sureau ; voire même des fleurs de Capucines ou des pétales de Roses ; mais ajoutez une poignée de sel. Chaque fois que vous cueillez des graines de Capucines, mettez-les dans ce vinaigre sans autres soins préalables que l'épluchage et le lavage. Tant que dure la préparation, tenez le bocal exposé au soleil.

« Si vous n'avez que quelques plants de Capucines, cette recette est beaucoup plus pratique que la précédente, en vous évitant de mettre les légumes au sel chaque fois que vous rapportez une récolte insignifiante du jardin. Elle ne présente qu'un inconvénient, c'est que l'eau exprimée par les graines affaiblit considérablement le vinaigre, et malgré l'exposition au soleil destinée à le renforcer, celui-ci reste souvent trop léger. Il en résulte que la préparation est moins forte et se conserve d'une façon plus incertaine. Il semble aussi que sous l'action du soleil le vinaigre perd un peu de sa finesse. »

Dans toutes les préparations culinaires où les Câpres vraies sont employées, les Câpres-Capucines peuvent les remplacer avantageusement ; mais elles sont surtout délicieuses comme garnitures ou parures des « mets de choix » rôtis froids à la gelée et des sauces : mayonnaises, ravigotes, fines herbes, vertes, auxquelles elles donnent une saveur délicieuse. Vous pouvez les goûter au bout d'un mois environ après leur mise en flacons.

(139)

CHAPITRE XXI

LES CÉLERIS-RAVES

I. Préférez les tubercules de belle forme. || II. Comment obtenir des rondelles régulières. || III. Faites de minces bâtonnets dans les rondelles. || IV. Versez le vinaigre bouillant sur les céleris. || V. Préparation demi-cuite.

RELEVÉ d'une sauce moutarde très épicée, le Céleri-Rave est trop apprécié en hors-d'œuvre pour être vanté ; aussi nous ne saurions assez vous conseiller d'en conserver quelques bocaux, d'autant mieux que la pleine saison survenant à une époque où les préparations de légumes sont peu nombreuses, vous donne, Madame, le loisir de le préparer avec tous les soins possibles.

SUCCESSION DES OPÉRATIONS. — Préparation au vinaigre : *Pelez, lavez, essuyez, coupez les tubercules en rondelles. Blanchissez dès ce moment ou lorsqu'elles sont sectionnées en bâtonnets. Dressez, rafraîchissez, levez à nouveau et mettez égoutter sur le tamis. Faites bouillir vinaigre et eau par parties égales; versez cette solution sur le Céleri et laissez refroidir complètement avant de mettre en bocal. Bouchez.*

Préparation demi-cuite : *Nettoyez, divisez, sectionnez en filaments. Blanchissez, mettez en flacons de verre à bouchage hermétique ; mouillez de saumure vinaigrée. Laissez reposer six jours, chauffez à nouveau, versez chaud sur les Céleris, bouchez.*

(140)

I. — PRÉFÉREZ LES TUBERCULES DE BELLE FORME.

Choisissez des tubercules de taille moyenne, plutôt gros, ronds, pesants ; les grosses racines sont plus avantageuses pour la préparation au vinaigre, parce qu'elles donnent un déchet moins grand et des bâtonnets réguliers, assez hauts pour remplir un flacon d'un demi-litre (bouchage hermétique). Veillez à leur forme, préférez les tubercules à épiderme lisse et régulier ; ne tolérez pas ceux ayant des yeux profonds creusés désagréablement ; ces défauts divisent les rondelles, et les bâtonnets ne sont plus que des parcelles minimes. Des détails complémentaires sont donnés à la préparation des Céleris-Raves divisés conservés au naturel (Vol. II, de cet ouvrage *Conserves de Légumes*. Pelez soigneusement la peau épaisse et atteignez la chair en plein, lavez-les ; mais au lieu de couper les Céleris en quartiers, divisez-les d'abord en rondelles d'environ 3 à 4 millimètres d'épaisseur, puis, avant ou après le blanchiment, sectionnez ces rondelles en bâtonnets de même épaisseur, qui ressemblent à de grosses allumettes, de la même façon d'ailleurs que vous les préparez frais pour les hors-d'œuvre.

II. — COMMENT OBTENIR DES RONDELLES RÉGULIÈRES.

Sectionner ces gros tubercules régulièrement n'est pas toujours possible quand l'exécutant opère sans point d'appui. Ce moyen est d'abord dangereux pour les doigts qui tiennent le légume ; il suffit, en effet, que le couteau glisse vite ou soit mal dirigé pour entamer ceux-ci. Il est à remarquer que les premières coupes en partant du côté du feuillage sont généralement plus faciles à effectuer ;

mais plus on avance vers le centre, plus les tissus du légume sont agglomérés et résistants, d'où difficulté plus grande qu'il faut amoindrir. Autant qu'il est possible, opérez comme je vous l'indique ci-dessous, vous ne courrez aucun risque, et vous sectionnerez ainsi plus rapidement et plus régulièrement les tubercules.

Prenez un point d'appui sur une tablette de cuisine, une planche à hacher, etc. ; pesez bien avec la main gauche sur le légume en entamant sa chair avec un couteau à lame mince, de façon qu'il reste absolument immobile. N'hésitez pas trop pour les entailles à pratiquer ; elles seront plus régulières et sans hachures. Au fur et à mesure que les rondelles tombent, éloignez la main en soutenant le Céleri, et lorsque vous arrivez à l'extrême fin , ralentissez un peu, car il n'est pas possible d'employer les extrémités, elles sont trop petites.

Lorsque toutes les rondelles sont réunies, blanchissez-les pendant trois minutes exactement à l'eau bouillante, ou procédez préférablement à cette manutention aussitôt qu'elles sont transformées en bâtonnets. Dressez avec l'écumoire ; glissez dans le bain froid courant pour les raffermir, dressez à nouveau, et finalement mettez égoutter sur le tamis en crin, et essuyez dans un linge bien sec. Procédez maintenant à la dernière transformation des tubercules, celle en bâtonnets ou lamelles.

III. — FAITES DE MINCES BATONNETS DANS LES RONDELLES.

Si vous blanchissez les rondelles, vous pouvez, après une dizaine de minutes de repos, opérer leur sectionnement. Dans le but unique de diminuer le temps de préparation, opérez le découpage de plusieurs à la fois. Superposez trois ou quatre rondelles de même dimension, mais pas davantage ; la besogne deviendrait alors plus difficile, à la fois moins sûre et irrégulière.

Cette pile de trois à quatre rondelles reposant sur la table de cuisine, immobilisez-la avec les trois premiers doigts de la main gauche. Commencez par tailler des lamelles dans le sens du plus grand diamètre, ce qui vous les fournira plus longues. Donnez-leur à peine 3 millimètres de largeur en les tranchant aussi nettement que possible.

Mettez de côté, au fur et à mesure que vous transformez ainsi vos rondelles, les baguettes qui vous paraissent trop courtes ou défectueuses. Dès que vous les avez sectionnées, déposez-les dans un récipient en faïence ou en verre, bol ou saladier, en attendant que vous les réunissiez dans le bain vinaigré.

IV. — VERSEZ LE VINAIGRE BOUILLANT SUR LES CÉLERIS.

Faites chauffer lentement avec quelques grains de poivre, une pincée de sel, du bon vinaigre, sans aromate étendu d'un volume égal d'eau.

Dès qu'il est près du point d'ébullition, versez-le sur les bâtonnets de Céleris contenus dans un récipient en faïence ; laissez refroidir ainsi, et après six heures de macération, mettez en bocaux. Égouttez-les d'abord sur une passoire à pieds, et introduisez-les par petites poignées de la manière suivante, qui abrège le temps de la mise en flacons. Prenez une feuille de papier blanc, étendez-la sur la table ; déposez au centre une poignée de ces bâtonnets, et relevez les deux extrémités du papier, de façon à former une boucle large dans laquelle vous les enfermez ; frappez doucement, engagez celui-ci dans le flacon pour que les bâtonnets prennent le moins de place possible et se répartissent uniformément. Versez le vinaigre, ajoutez quelques grains de poivre blanc, bouchez et encapuchonnez le col du flacon ainsi que nous l'indiquons Chap. XVI, § 8.

V. — PRÉPARATION DEMI-CUITE.

Épluchez, essuyez, divisez les pieds en rondelles comme pour la préparation au vinaigre. Sectionnez ensuite ceux-ci en bâtonnets comme pour la préparation ci-dessus, et blanchissez-les en trois minutes à l'eau bouillante. Égouttez-les sans les rafraîchir; mettez en flacons à fermeture hermétique ou autre. Réunissez alors les bâtonnets par petits paquets, et introduisez-les dans les verres, ainsi que je vous l'indique également ci-dessus. Préparez alors le bain acidulé, composé d'un tiers de vinaigre naturel sans aucun aromate; eau bouillie, deux tiers. Versez ce mélange bien dilué sur les bâtonnets de Céleri. Ajoutez sel, poivre suivant la dose que vous préférez; laissez infuser six jours entiers; chauffez à nouveau le vinaigre, et, dès qu'il a bouilli, versez-le chaud sur les Céleris. Bouchez immédiatement comme pour la sauce Tomate conservée dans les flacons hermétiques (Volume II, *Les Conserves de Légumes*) ou attendez qu'il soit refroidi si vous employez d'autres bocaux.

Cette préparation n'est qu'une variante de la précédente, mais elle est aussi exquise; elle convient davantage aux personnes aimant les assaisonnements doux, le vinaigre y entrant pour une part moins forte.

Je vous engage vivement à essayer chacune de ces deux manières de préparer les Céleris, qui, je l'espère, vous donneront les meilleurs résultats.

CHAPITRE XXII

LES CERISES ET LES BIGARREAUX

I. Vérifiez minutieusement les cerises. || II. Faites bouillir
deux fois le vinaigre.

Dénommée aussi « Cerises à l'Allemande », cette préparation « des Cerises au vinaigre » est à peu près inconnue dans les ménages. Je vous conseille de l'essáyer, car, en plus de sa facilité, elle constitue un élément de hors-d'œuvre et un condiment apprécié.

SUCCESSION DES OPÈRATIONS. — Cerises et Bigar-reaux : Choisissez Cerises et Bigarreaux à peine mûrs, coupez les queues, rafraîchissez et faites ressuyer. Mettez en bocaux, remplissez de vinaigre. Deux jours après faites bouillir, laissez refroidir le vinaigre. Versez à nouveau sur les fruits, bouchez.

Choisissez les fruits des meilleures variétés dont vous disposez, mûrs à point, indemnes de piqûres, sans aucune crevasse. Cueillez-les par un temps sec, une journée ou deux avant leur complète maturité pour qu'elles gardent leur forme et ne se fendillent pas aussitôt mises dans le vinaigre. Vérifiez-les minutieusement au fur et à mesure de la cueillette, ainsi le triage des fruits ne se prolonge pas trop dès que vous commencez les apprêts.

LES CONSERVES A LA MAISON

I. — VÉRIFIEZ MINUTIEUSEMENT LES CERISES.

Aussitôt que vous aurez réuni la quantité qu'il vous semble bon de conserver, vérifiez de nouveau chaque Cerise une à une, prenez les plus grosses et les plus colorées et rejetez soigneusement celles qui sont piquées, fendillées ou écrasées. Choisissez-les de grosseur égale autant que possible. Raccourcissez le pédoncule avec les ciseaux et laissez-lui seulement deux centimètres de longueur. Pour que le lavage même rapide des fruits n'entame ni ne détériore leur épiderme fragile, mettez-les au fur et à mesure dans une passoire à pieds, un panier à salade, et plongez-les deux ou trois fois dans un récipient rempli d'eau glacée. Ainsi les Cerises se nettoient seules, ne s'abîment pas ; et vous supprimez le dressage, puisqu'il suffit après quelques plongées d'enlever le « panier laveur » par les oreilles ou l'anse, de le mettre hors du récipient et de laisser les fruits égoutter quelques instants.

Lorsque les Cerises ont à peu près rendu toute l'eau du lavage, mettez-les en flacons. Pour cette préparation, je vous conseille l'emploi des vrais bocaux à Cerises en verre, à gorge large ou les bocaux de Conserves ordinaires dans les petites tailles : un demi-litre préférablement, si vous en avez à votre disposition d'inutilisés. Le choix du bocal décidé, lavez-le soigneusement et essuyez-le pour qu'il soit sec au moment de l'employer. Rangez les fruits par lits et disposez au-dessus quelques fines branchettes d'Estragon et çà et là semez cinq ou six grains de poivre blanc ; mais laissez un vide de quatre à cinq centimètres entre les fruits et le col du flacon qui doit être comblé par le vinaigre bouilli.

(146)

II. — FAITES BOUILLIR DEUX FOIS LE VINAIGRE.

Faites bouillir du bon vinaigre de vin et ajoutez environ 10 grammes de sel blanc pour un demi-litre de vinaigre, puis mettez sur le feu. N'oubliez pas de forcer d'un cinquième environ la quantité de vinaigre nécessaire, ce supplément compensant ainsi la perte subie par l'évaporation répétée. Portez doucement à l'ébullition et après deux minutes, enlevez du feu et laissez refroidir complètement. Versez-le alors sur les Cerises et prenez soin qu'elles en soient recouvertes de plusieurs centimètres, afin qu'elles s'en imprègnent suffisamment, puis rangez dans un placard.

Versez ce qui reste de vinaigre dans un récipient en porcelaine que vous mettez à l'abri des poussières et du soleil ; deux jours après, le vinaigre versé sur les Cerises s'est teinté légèrement et a bruni ; il faut l'ébullitionner à nouveau. Renversez-le dans le récipient où il a bouilli la première fois, sans enlever ni déplacer les fruits, inclinez seulement le flacon et bouchez l'ouverture de celui-ci avec une passoire renversée retenant les Cerises. Mettez-le sur le feu modéré ; ajoutez à celui-ci la part que vous aviez mise en réserve et donnez encore quatre minutes d'ébullition qui a pour but d'augmenter le degré de concentration du vinaigre.

Attendez son complet refroidissement et versez-le sur les Cerises qu'il vous faut complètement immerger. Bouchez ces bocaux comme les vases en grès sans liège (Chap. XVI, § 8).

Après quinze jours de macération dans le vinaigre vous pouvez consommer les Cerises, mais je vous conseille, si vous faites d'amples provisions, et que vous les

conserviez dans un local plutôt sec et sans air, d'en sur-
veiller le contenu après deux mois d'infusion. Au cas où
le niveau du vinaigre aurait baissé de quelques centimètres, cette vidange pourrait occasionner une perte par-
tielle des fruits ou tout au moins porter atteinte à leur
parfum, ceux-ci hors du vinaigre se desséchant. Remédiez-y
en faisant le plein avec du vinaigre bouilli et refroidi.

Les fruits conservés ainsi dans le vinaigre acquièrent
une saveur spéciale ; ils restent gonflés de jus et deviennent très savoureux dès qu'ils accompagnent une viande
rouge froide et rôtie, surtout si vous prenez soin de
relever le goût particulier des Cerises par l'ajouté de
quelques cuillerées de leur marinade.

CHAPITRE XXIII

LES CHOUX ROUGES

I. Choisir et préparer les choux. || II. Mettez les choux rouges dans un vinaigrier.

Il est également possible de préparer des lamelles de Choux rouges ; mais cette conserve est moins couramment usitée que la Choucroute. On utilise surtout les Choux rouges pour les hors-d'œuvre, et cette préparation n'est alors qu'une Choucroute perfectionnée aromatisée de condiments qui en rehaussent le goût.

SUCCESSION DES OPÉRATIONS. — Coupez les bonnes feuilles de Choux en lanières minces, placez-les par lits dans un récipient en grès. Sur chaque couche étendez les aromates et versez le vinaigre bouillant. Huit à dix jours après tirez le vinaigre, faites bouillir à nouveau, refroidir, et renversez-le sur les Choux.

I. — CHOISIR ET PRÉPARER LES CHOUX.

Choisissez les Choux rouges de grosseur moyenne à pomme très serrée. Enlevez les premières feuilles dures et coriaces sur deux ou trois rangs et sectionnez le trognon. Aussitôt que vous constatez la fraîcheur et la colo-

LES CONSERVES A LA MAISON

ration brillante des feuilles, coupez le Chou en quatre, abattez les grosses côtes et jetez-les. Étendez alors un torchon de cuisine sur la table et à l'aide d'un couteau fort et bien tranchant, coupez-le en fines lanières en commençant du côté de la coupe. Mettez-les à part en attendant que vous prépariez les condiments qui doivent leur être ajoutés.

Pour un chou moyen, comptez dix petits oignons, quatre gousses d'ail, cinq échalotes, dix grammes de sel et sept à huit grains de poivre blanc.

Je ne saurais trop vous recommander la plus minutieuse observation quant à la propreté des légumes-condiments que vous ajoutez aux Choux rouges. Après l'épluchage de ceux-ci, lavez-les soigneusement et essuyez-les de même.

II. — METTEZ LES CHOUX ROUGES DANS UN VINAIGRIER.

Un autre conseil dont vous pourrez également faire votre profit est le suivant. Employez comme récipient devant contenir la préparation de Choux rouges et de préférence à tout autre, un « vinaigrier », pour la raison suivante très simple du reste. Ces petites cuves en grès de grandeurs différentes, rugueuses à l'intérieur, sont percées d'un orifice à la partie inférieure et munies d'un robinet pour « tirer le vinaigre ». Étant donné qu'il vous faut soutirer celui dans lequel macèrent les Choux, l'opération se fait simplement sans complication.

Mais si vous n'en préparez qu'une petite quantité, vous pouvez fort bien vous contenter de bocaux ordinaires que vous bouchez comme pour les Betteraves rouges et les Céleris-Raves. Placez les Choux par lits et mélangez bien les aromates, mouillez de vinaigre bouillant et observez qu'il recouvre les légumes de 4 à 5 centimètres. Couvrez avec le couvercle en grès si vous employez le vinaigrier et laissez macérer pendant huit à dix jours. Tirez alors le vinaigre, chauffez-le à nouveau, ébullitionnez trois minutes et lorsqu'il est complètement froid versez sur les Choux. Bouchez et conservez dans un local sain.

Quinze jours après la nouvelle macération vous pouvez consommer ces Choux qui constituent un hors-d'œuvre délicieux mélangé aux fractions de Céleri-Rave et aux rondelles de Pommes de terre.

CHAPITRE XXIV

LES CONCOMBRES

I. Conservez l'espèce cultivée au potager si elle est exquise. || II. Comment enlever l'épiderme des concombres. || III. Faites macérer les rondelles pendant douze heures.

Ses qualités alimentaires rendent le Concombre aussi populaire que les Tomates ; en effet, il constitue d'appétissants stimulants de l'estomac et il plaît par son goût frais très particulier.

SUCCESSION DES OPÉRATIONS. — Pelez les Concombres, taillez-les ensuite en rondelles, faites-les dégorger dans le sel, égouttez, mettez en flacons, recouvrez de vinaigre bouilli, et bouchez.

I. — CONSERVEZ L'ESPÈCE CULTIVÉE AU POTAGER SI ELLE EST EXQUISE.

Les variétés de Concombres sont très nombreuses et diffèrent entre elles par la grosseur, la couleur et l'époque de maturité. Au jardin, le plus souvent, vous rencontrez en juin-juillet le Concombre vert-long variété parfaite, remarquable par la grosseur de ses fruits, le Concombre blanc hâtif, le Concombre vert parisien et d'autres encore. Si vous ne trouvez pas les Concombres dans les planches

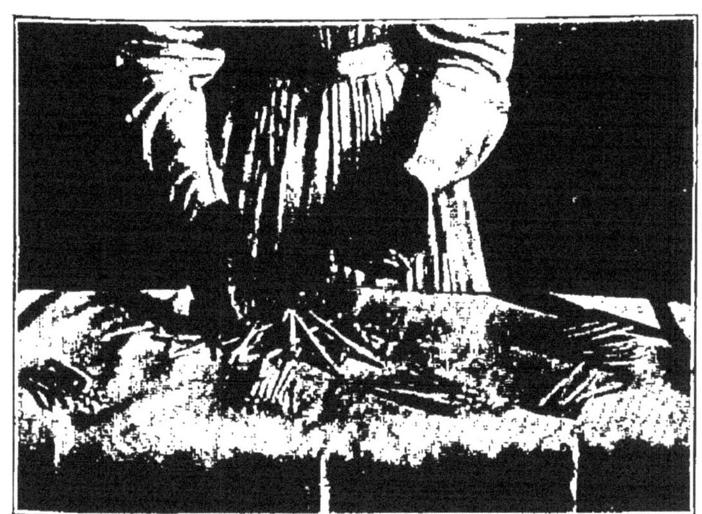

FIG. 62. — RÉUNISSEZ LES BATONNETS PAR PETITS BOTTILLONS.

Alignez-les dans la main et formez-en environ une poignée ; vous n'avez ensuite qu'à les prendre, par longueur et par tas, pour les mettre dans le cornet de papier.

FIG. 63. — ALIGNEZ LES BATONNETS SUR LE PAPIER.

Prenez une feuille de papier légèrement parcheminée et déposez d'abord au centre un des petits bottillons. Alignez les bâtonnets en les nivelant dans les deux mains pour égaliser les deux extrémités.

FIG. 64. — PLISSEZ LE PAPIER POUR FORMER LE CORNET.
*Relevez les deux extrémités longues du papier, et mettez-les l'une sur l'autre;
pliez une fois, puis une seconde, à la manière d'un ourlet de mouchoir, de façon
à emprisonner étroitement les bâtonnets de Céleris, tout en laissant un jeu
étroit pour permettre leur glissement dans le bocal.*

FIG. 65. — ENGAGEZ UNE EXTRÉMITÉ DANS LE BOCAL.
*Prenez le paquet emmaillotté de papier et glissez-le prestement dans l'ouverture
du bocal en le maintenant aux deux extrémités. Cela fait, lâchez l'extrémité
supérieure et, pour forcer le Céleri à descendre, tirez le papier à sa partie
supérieure, les bâtonnets descendent et se placent méthodiquement.*

du potager et que vous deviez les acheter, observez leurs caractères extérieurs indiquant ou non la fraîcheur.

Délaissez les sujets légers, mous, flasques à peau terne, ayant quelque sonorité lorsqu'on les frappe, ceux-ci ont ordinairement l'intérieur par trop creux.

II. — COMMENT ENLEVER L'ÉPIDERME DES CONCOMBRES.

Choisissez les Concombres fraîchement cueillis, vous les reconnaîtrez à la rigidité et à la turgescence de l'épiderme, en même temps qu'à son brillant. Préférez les sujets moyens, pesants, défiez-vous instinctivement de ceux trop rebondis, « comme soufflés » de sève, l'intérieur est creux le plus souvent. Préférez aussi les blancs aux verts en raison de leur parfum plus délicat.

Pelez chaque Concombre dans le sens de la longueur et donnez assez d'épaisseur aux lamelles que vous enlevez.

Il convient, en effet, d'entraîner avec l'écorce toute la partie blanche opaque, formant à la chair un second épiderme ayant quelque amertume.

Glissez le couteau sans arrêt pour qu'il unifie la pulpe; après quoi, taillez dans leur chair des rondelles de 3 à 4 millimètres d'épaisseur et recueillez-les provisoirement dans n'importe quel récipient.

III. — FAITES MACÉRER LES RONDELLES PENDANT DOUZE HEURES.

Pour obtenir ces rondelles, procédez exactement comme vous l'avez fait pour les Betteraves rouges (Chap. XVIII, § 4). Mais le Concombre possédant une forte quantité d'eau de végétation, il convient de le forcer à la rendre en partie avant de le mettre en conserve.

Pour cela, dans une sorte de saladier ou autre récipient un peu creux, étendez les rondelles par couches et saupoudrez-les chacune de sel marin. Laissez-les dégorger sans soins supplémentaires pendant douze heures environ.

Égouttez alors les Concombres fractionnés sur une passoire et mettez-les en flacons lorsque la saumure est complètement épuisée.

Mouillez de saumure vinaigrée comme pour la préparation des Céleris (Chap. xxi, § 4), ajoutez quelques grains de poivre et bouchez.

La chair du Concombre se prête également à la cuisson dans un bain vinaigré ; préparation mixte comme pour les Betteraves, préparation demi-cuite comme pour les Céleris-Raves.

Si vous préférez ces manières de faire, suivez de point en point les indications déjà données dans les deux Chap. xviii et xxi, mais blanchissez le Concombre avant de le réduire en rondelles pendant deux minutes environ. Dans les flacons, disposez les rondelles de Concombres comme celles des Betteraves rouges, bouchez et encapuchonnez de même façon.

CHAPITRE XXV

LES CORNICHONS AU VINAIGRE

I. Prenez les Cornichons des premières cueillettes. || II. Préférez les petits Cornichons. || III. Enlevez le pédoncule et les pétales fanés. || IV. Brossez chacun d'eux énergiquement. || V. Faites dégorger les Cornichons dans le sel. || VI. Lavez les Cornichons a l'eau vinaigrée. || VII. Condiments ajoutés : oignons, piments estragon. || VIII. Pour remplir le bocal en plusieurs fois. || IX. Une excellente recette nouvelle.

Il y a plusieurs façons bien distinctes de conserver les Cornichons au vinaigre : 1° la conserve *à froid* ; 2° la conserve *à chaud* ; 3° la conserve *d'amateur*, recette nouvelle très pimentée rappelant le goût des pickles.

La préparation *à froid*, que je vous recommande tout particulièrement, est la plus simple, la plus rapide et, à mon avis, la meilleure. Elle comporte deux phases : la première comprend les soins de propreté et la mise des Cornichons dans le sel pendant vingt-quatre heures, afin de les forcer à rejeter l'eau de végétation qu'ils contiennent ; la seconde consiste en la mise des Cornichons dans le bocal et à leur immersion dans le vinaigre.

La conserve *à chaud* a ses partisans, mais elle est plus longue à pratiquer, puisqu'elle nécessite deux ou trois immersions dans du vinaigre bouillant données à plu-

LES CONSERVES A LA MAISON

sieurs jours d'intervalle. Le seul avantage qu'elle puisse avoir sur la précédente — si vous considérez cela comme un avantage — est de donner aux Cornichons une teinte verte plus accentuée.

J'ajouterai toutefois que, souvent, cette teinte n'est pas gardée et avivée sans stratagème ; dans le commerce, les Cornichons sont reverdis artificiellement par un léger ajouté de sulfate de cuivre au vinaigre et cuits dans cette solution où ils baignent ; ou bien encore, on les obtient bien verts en faisant bouillir le vinaigre dans une bassine en cuivre.

SUCCESSION DES OPÉRATIONS. — 1º MÉTHODE A FROID : *Nettoyez, brossez, faites macérer les Cornichons dans le sel, lavez dans un bain acidulé, mettez en bocaux avec les condiments, mouillez de bon vinaigre et bouchez.*

2º MÉTHODE A CHAUD : *Même préparation. Immergez les Cornichons dans le vinaigre bouillant trois fois à environ trente-six heures de distance et terminez comme précédemment.*

I. — PRENEZ LES CORNICHONS DES PREMIÈRES CUEILLETTES.

Bien que vous puissiez faire des Conserves de Cornichons jusque dans la première quinzaine de septembre, et même parfois les prolonger jusque dans la deuxième quinzaine, si la température est clémente, préparez de préférence les Cornichons des premières cueillettes.

L'époque de la maturité et les conditions dans lesquelles celle-ci s'est produite semblent avoir une influence sur la bonne réussite des préparations. Cette remarque s'explique assez ; quand la température est chaude jusqu'en septembre, les nuits sont douces sans brusques

variations, peu humides, la croissance se fait normalement, et les Cornichons restent très sains.

Par contre, et comme cette plante est très sensible aux
abaissements de température et à l'humidité, il suffit
d'une période de pluie et de nuits fraîches pour que les
pieds prennent « le blanc ». Dans cet état, les Cornichons
que vous cueillez vous paraissent extérieurement très
sains ; mais il faut croire qu'ils sont atteints, car, lorsque
l'affection se manifeste d'une façon aiguë, quelque temps
après il n'est pas rare que les Cornichons ainsi conservés
subissent, dans le vinaigre, comme une sorte de fermentation. Ils se tachent, se noircissent, développent une
écume putride, et le tout est bon à jeter.

Attendre trop tard, c'est donc aller au-devant d'une
non-réussite possible. Voilà pourquoi je vous engage à
préférer les Cornichons des premières cueillettes.

II. — PRÉFÉREZ LES PETITS CORNICHONS.

Choisissez préférablement pour vos conserves de petits
Cornichons de grosseur égale, régulièrement formés,
ayant environ 7 centimètres de longueur et 8 à 10 millimètres de diamètre. Cueillez-les bien verts, turgescents,
rigides et durs, absolument indemnes de piqûres, meur-
trissures, ou de commencement de décomposition, car
les Cornichons sont excessivement délicats, et ces tares
seraient nuisibles à l'ensemble de ceux d'un même flacon.
J'ai remarqué, en effet, que l'emploi de Cornichons meur-
tris, dont j'avais pourtant sectionné la partie endommagée,
en faisait abîmer d'autres ; je vous conseille donc d'être
très sévère dans votre choix. Pour des raisons à peu près
équivalentes, évincez aussi les Cornichons flétris et mous,
d'une teinte vert foncé. Ceux que vous ne remarqueriez

LES CONSERVES A LA MAISON

pas sécheraient et durciraient d'ailleurs lors du dégorgeage dans le sel, et il faudrait alors les rejeter.

Faites la cueillette dès que le soleil a séché la rosée du matin ; les Cornichons abrités sous les feuilles sont à point pour votre Conserve, ni humides, ni chauffés par le soleil.

Vous devez être au moins aussi difficile pour ceux que vous achetez sur le marché, et refuser les Cornichons cueillis depuis plusieurs jours et qui ne vous paraîtraient pas frais.

III. — ENLEVEZ LE PÉDONCULE ET LES PÉTALES FANÉS.

Aussitôt la cueillette effectuée, préparez les Cornichons, car ils mollissent rapidement, se fanent et perdent leur fraîcheur ; du reste, leur apprêt ne demande que quelques minutes. Ne vous éternisez donc pas en d'inutiles manipulations, et retenez que moins vous les remuez, mieux cela vaut.

Enlevez d'abord le reste du pédoncule qui attachait le Cornichon à la tige. Pour cela, avec les deux premiers doigts de chaque main, maintenez ses extrémités immobiles, puis introduisez l'ongle du pouce droit juste à la naissance du pédoncule, dont on aperçoit la ligne nettement, l'index à l'extérieur maintenant l'autre côté. D'un mouvement vif de dedans en dehors qu'exécute le poignet, détachez-le nettement. Vérifiez si l'autre extrémité plus effilée ne porte pas des restes de pétales flétris qui adhèrent quelque temps à cette place, et, si oui, enlevez-les.

IV. — BROSSEZ CHACUN D'EUX ÉNERGIQUEMENT.

Après cet épluchage, rapide en somme, débarrassez

chacun des Cornichons de la poussière et du duvet blanchâtre dont il est recouvert. A cet effet, munissez-vous d'une brosse : le type de celles que l'on emploie pour étendre le cirage est parfait pour cet usage ; les brins ne sont ni trop rigides ni trop mous.

Il la faut douce, absolument propre, le mieux est encore de l'avoir neuve.

Tenez la brosse un peu haut, ce qui donne plus de facilité ; maintenez délicatement le Cornichon entre les doigts en l'inclinant fortement vers la gauche. Dès que la surface placée devant vous est nette, roulez-le doucement entre les doigts, et continuez jusqu'au point de départ.

Actionnez très énergiquement la brosse en la passant partout, de telle façon que l'épiderme de chaque Cornichon paraisse net et ait une apparence de vernis, mais sans écorchures.

V. — FAITES DÉGORGER LES CORNICHONS DANS LE SEL.

Quand les Cornichons ont reçu ces soins de propreté, préparez-vous à les faire dégorger pendant vingt-quatre heures.

Placez au fond d'une grande jatte en porcelaine, en terre ou en grès, une couche de sel marin ou sel gris ; prenez-le en poignée et jetez-le en pluie de façon qu'il y en ait 3 à 4 millimètres d'épaisseur ; posez dessus un lit de Cornichons étalés de façon que le sel en soit entièrement recouvert. Semez sur ces Cornichons une nouvelle couche de sel et alternativement ainsi une épaisseur de Cornichons et une autre de sel, jusqu'à l'épuisement complet de votre provision de Cornichons ou jusqu'au remplissage du récipient, et recouvrez la dernière couche de Cornichons d'un copieux lit de sel, mais n'ajoutez pas d'eau.

Placez votre récipient dans un placard aussi frais que possible et même à la cave. L'eau que le sel fait dégorger des Cornichons produit rapidement une saumure dans laquelle ceux-ci trempent. Lorsque, vingt-quatre heures après, vous les vérifiez, ils ont perdu de leur turgescence, et leur teinte vert foncé s'est quelque peu atténuée. L'eau qu'ils contenaient s'est échappée et forme un liquide sale et grisâtre, le sel a joué le rôle d'épurateur. Le but visé étant obtenu, ne les laissez pas plus longtemps dans ce bain. Égouttez-les dans une passoire ou sur un tamis.

VI. — LAVEZ LES CORNICHONS A L'EAU VINAIGRÉE.

Pendant que les Cornichons égouttent, dans le récipient que vous venez de rincer soigneusement, préparez de l'eau fortement vinaigrée — un quart à la moitié de vinaigre — pour les laver et les débarrasser de la saumure dont ils sont imprégnés. Ce lavage, que beaucoup de personnes ne pratiquent pas, parce qu'elles le jugent superflu, a sa raison d'être. Il débarrasse en effet les Cornichons des impuretés laissées après eux par la saumure, impuretés susceptibles de troubler la limpidité du vinaigre. Les Cornichons sont ainsi infiniment plus nets, plus lisses et plus beaux, et vous savez que le bon aspect est toujours très engageant.

Quand les Cornichons ont égoutté quelques instants, dix à quinze minutes, plongez-les par petites poignées dans l'eau vinaigrée et laissez-les-y séjourner quatre à cinq minutes environ ; dressez-les ensuite avec l'écumoire en faisant bien égoutter l'eau, et placez-les dans le bocal.

VII. — CONDIMENTS AJOUTÉS : OIGNONS, PIMENTS,
ESTRAGON.

Conservés seuls, sans aucun assaisonnement, les Cornichons seraient fades et moins appétissants qu'ils ne le sont avec leur parure d'Oignons, de Piments et d'Estragon.

Choisissez donc de petits Oignons, qui en sont le complément tout indiqué, de l'Estragon très frais et jeune surtout; s'il est ligneux il ne fait pas merveille près des Cornichons, ayant peu de parfum il ne peut leur en donner. Quelques grains de poivre blanc, du vinaigre aussi naturel que possible sans parfum d'Estragon et, à volonté, deux Piments moyens sont les ingrédients nécessaires.

Epluchez environ une quarantaine de petits Oignons ; préparez les condiments : sectionnez la partie ligneuse des branches d'Estragon et enlevez les feuilles jaunes, attaquées ou écornées ; préparez une douzaine de grains de poivre blanc, deux Piments rouges longs, pour un bocal de 1 litre et demi environ et qu'il vous est loisible de modifier selon votre goût personnel. Préférez-vous les petits Oignons? Mettez-en davantage. Le parfum de l'Estragon? Forcez la dose. Une saveur piquante? Ajoutez deux à trois Piments.

Toutes ces choses réunies, rangez les Cornichons par couches dans un bocal en verre de préférence, ou tout au moins en grès non vernissé, et intercalez de temps à autre assez régulièrement des petits Oignons. A peu près au milieu de la hauteur, placez l'Estragon, les Piments, puis continuez à remplir ensuite avec Cornichons et Oignons ; glissez le poivre, qui se répartira de lui-même dans le liquide.

LES CONSERVES A LA MAISON

Dès que le bocal est presque plein — réservez, en effet, environ 3 à 4 centimètres sans Cornichons ni Oignons — versez du bon vinaigre *naturel de vin* — surtout pas de vinaigre de fantaisie ou chimique — et faites le plein copieusement, de façon que les Cornichons en soient recouverts au moins de 2 à 3 centimètres.

Bouchez alors le bocal à l'aide d'un large bouchon de liège et encapuchonnez le col ainsi que nous l'indiquons Chap. XVI, § 8.

VIII. — POUR REMPLIR LE BOCAL EN PLUSIEURS FOIS.

Il n'est pas inutile que vous connaissiez les quantités de Cornichons, de vinaigre et des condiments complémentaires pour un bocal de grandeur déterminée.

Voici donc les proportions moyennes — pour une préparation de goût français — qui entrent dans la composition d'un bocal d'une contenance de 1 litre et demi environ : 1 kilogramme de Cornichons ; 40 à 50 petits Oignons ; 2 branches d'Estragon ; 10 grains de poivre blanc ; 2 Piments rouges ; 75 centilitres de vinaigre.

Si — ce qui est le cas le plus général — vous n'avez que quelques pieds de Cornichons, chaque cueillette est insuffisante pour fournir la quantité de Cornichons prévue pour un bocal de 1 litre et demi, ce qui est une bonne grandeur. Ne croyez pas devoir faire autant de petits bocaux que vous ferez de cueillettes jusqu'au moment où votre provision est suffisante. Cette préparation vous laisse la faculté de faire le plein du bocal en trois ou quatre fois.

Préparez donc les Cornichons lors de chaque cueillette, ainsi que je vous le conseille ci-dessus ; avec ceux de la première cueillette, que vous placez aussitôt dans le bocal, ajoutez une partie des Oignons prévus et tous les autres condiments ; recouvrez bien le tout de vinaigre et bouchez le bocal. Lors des autres cueillettes, ajoutez les Cornichons préparés, avec quelques Oignons à chaque fois, en les recouvrant toujours complètement de vinaigre, pour combler le bocal avec ceux de la dernière cueillette ; faites alors le plein du vinaigre, et bouchez définitivement.

Le bocal préparé, placez-le dans un placard où la température est assez régulière et plutôt froide. Les Cornichons peuvent être consommés au bout de cinq à six semaines environ.

IX. — UNE EXCELLENTE RECETTE NOUVELLE.

Cette manière relativement nouvelle de préparer les Cornichons au vinaigre est aussi différente de la précédente par sa façon de faire que par son goût. Vous indiquer la meilleure des deux serait difficile, cette distinction étant subordonnée aux préférences de chacun : c'est donc vous qui la ferez.

Je crois cependant devoir vous dire qu'il faut essayer les deux préparations ; vous aurez, avec la première, des Cornichons pour les apprêts culinaires et la consommation courante ; la seconde vous donnera, au contraire, un produit plus spécialement destiné pour l'accompagnement des hors-d'œuvre et des viandes froides.

SUCCESSION DES OPÉRATIONS. — Mettez les Cornichons sans les brosser dans une terrine et versez dessus la saumure tiède titrant 15 degrés. Veillez à ce qu'elle les recouvre de 2 à 3 centimètres et après quinze jours de macération, lavez les Cornichons à l'eau courante, laissez égoutter et mettez en flacons.

Ces Cornichons au vinaigre ont une saveur spéciale très épicée, rappelant celle des pickles. Cette recette a, sur la première, un avantage : c'est qu'elle réduit au minimum les soins et le temps de préparation ; c'est la conserve « d'amateur » par excellence, étant dépourvue d'abord de toute exigence, et ayant la saveur d'un produit de marque ; les Cornichons ainsi traités restent verts et fermes. La préparation peut donc être divisée en deux phases principales : 1º une phase d'attente de quinze jours de macération que doivent subir les Cornichons; 2º la phase d'action qui comprend le temps nécessaire pour que les Cornichons soient confits dans le vinaigre.

Le stage dans la saumure qui peut vous paraître long au premier abord, étant donné que pareille recette ne fut lue, a pour but de débarrasser les Cornichons de l'eau de végétation qu'ils contiennent et de les faire « dégorger » parfaitement; de cette façon aucune fermentation n'est à redouter.

Phase d'attente. — Après avoir réuni les Cornichons que vous désirez conserver, choisissez un récipient en terre ou en faïence vernissée de préférence; tous les modèles de jattes sont très pratiques. Ne brossez pas les Cornichons avant de les mettre dans la saumure, l'essentiel est qu'ils soient sains et peu volumineux. Déposez-les au fond du récipient en les étalant au mieux, pour qu'ils prennent le moins de place possible. Préparez ensuite la saumure, à 15 degrés et comptez pour cela 125 grammes de sel par litre d'eau. Ainsi, si le récipient contenant les Cornichons nécessite 3 litres d'eau par exemple, c'est trois fois 125 grammes de sel qu'il faut employer. Faites fondre le sel en chauffant doucement, il se dissout mieux; facilitez encore sa transformation en fouettant l'eau, et versez définitivement la saumure encore tiède dans la jatte où reposent les Cornichons. Veillez bien à ce qu'ils en soient complètement recouverts et donnez en plus au moins 3 à 5 centimètres de façon que le liquide s'interpose entre l'air et les Cornichons, formant une couche isolante. Portez ce récipient à l'abri des poussières et de la trop grande chaleur, couvrez-le sommairement d'une feuille de papier et laissez-le ainsi pendant quinze jours sans plus vous en soucier.

Préparation définitive. — Jetez cette saumure — qui n'en est plus une — tant elle est malpropre et écumeuse le seizième jour ; puis lavez à grande eau les Cornichons ; donnez même un second bain froid si vous jugez que la propreté de ceux-ci laisse à désirer.

Aussitôt qu'ils sont très nets, faites-les égoutter dans une passoire à pieds ou sur un tamis, et mettez en flacons. Accommodez-les suivant les mêmes principes que la préparation précédente, avec la garniture de condiments habituels : petits Oignons, Poivre blanc, Estragon, Piments, Clous de Girofle, si vous le désirez, ces deux derniers étant des ajoutés absolument facultatifs en raison de leur parfum.

Le meilleur vinaigre à utiliser est le vinaigre d'alcool ; mais le vinaigre d'alcool et de vin mélangés est également bon ; l'essentiel est de ne pas employer un vinaigre de mauvaise qualité et déjà parfumé à l'Estragon, le parfum frais s'accommodant mal de celui du vinaigre.

Versez-le sur les Cornichons en remplissant bien les bocaux, bouchez et terminez ainsi qu'il est expliqué précédemment. Après trois ou quatre semaines de macération dans le vinaigre vous pouvez servir ces Cornichons.

CHAPITRE XXVI

LES OLIVES VERTES
ET LES OLIVES NOIRES

I. Deux façons de conserver les Olives. || II. Comment faire dégorger les Olives. || III. Préparation de la saumure. || IV. Olives noires en saumure.

Rien n'est plus agréable qu'un hors-d'œuvre fait d'Olives bien conservées ; mais ordinairement ce fruit du Midi laisse fort à désirer et nous parvient tantôt fade, amer, ou horriblement salé.

Il est donc des plus intéressants de préparer les Olives à la maison. Cette Conserve, comme celle des Câpres, est spéciale au Midi, puisque c'est uniquement dans cette contrée que se rencontrent les Oliviers. Cependant, elle n'est pas impossible à réaliser dans l'Ouest, le Centre ou le Nord, à condition de vous faire expédier du pays même une petite provision d'Olives. Dans ce cas, essayez les deux préparations suivantes.

I. — DEUX FAÇONS DE CONSERVER LES OLIVES.

Il existe, ainsi que je vous l'ai dit, deux manières de conserver les Olives ; et pour les constituer deux sortes de fruits de goût et d'emplois différents :

LES OLIVES VERTES ET LES OLIVES NOIRES

1° La préparation des *Olives vertes* pour les hors-d'œuvre nommée *Olives à la « picholine »* ;

2° La préparation des *Olives noires* comme condiments ou *« Olives noires en saumure »*.

Les Olives vertes pour hors-d'œuvre sont cueillies en septembre avant la maturité complète et choisies parmi les plus grosses et les plus belles ; mais pour la première raison, elles ont ordinairement moins de saveur que les noires.

SUCCESSION DES OPÉRATIONS. — Olives vertes : Choisissez des fruits sains et bien verts ; enlevez leur amertume par la macération dans une lessive, lavez-les et mettez-les dans une saumure. Bouchez, cachetez et rangez dans un placard sain. — Olives noires : Prenez des Olives de moyenne grosseur, piquez chacune d'elles ; mettez-les dans un récipient profond, couvrez-d'eau largement, enfoncez celles qui surnagent et laissez pendant douze jours, mais renouvelez l'eau à vingt-quatre heures d'intervalle. Préparez la saumure, mettez en flacons et conservez comme précédemment.

II. — COMMENT FAIRE DÉGORGER LES OLIVES.

Choisissez les Olives vertes, grosses et bien formées, saines, indemnes de piqûres ou de taches, cueillez-les en septembre-octobre avant complète maturité, ou procurez-vous-les à cette époque. Faites-les ensuite macérer soit dans une sorte de bouillie de cendres, soit dans une lessive, qui a pour but d'enlever l'âcreté et l'amertume des fruits.

Constituez une bouillie avec de la cendre de bois, de four ou de ménage et de l'eau, à poids égal de cendres, d'eau et d'Olives ; soit pour 1 kilogramme d'Olives, 1 kilogramme de cendre et 1 litre d'eau. Mélangez intimement les cendres à l'eau; incorporez-y les Olives et brassez le tout en faisant en sorte que les Olives en soient entièrement recouvertes.

Si vous préférez la lessive, voici sa composition : carbonate de soude, 1 kilogramme, chaux vive, 1 kilogramme, eau, 20 litres. Brassez bien avec la batte en bois la lessive ou la bouillie et, lorsque les ingrédients sont dilués à point, ajoutez les Olives et appuyez-les quelques minutes pour les forcer à plonger. Laissez ainsi les Olives immergées vingt-quatre heures dans cette mixture, mais dans cet intervalle, remuez cinq ou six fois afin d'immerger les Olives qui peuvent encore surnager.

Parfois un temps plus long est nécessaire pour les Olives traitées avec la cendre, ce supplément varie suivant la qualité des cendres employées et l'observation suivante vous permet de juger s'il faut ou non prolonger la baignade.

Après vingt-quatre heures de macération, assurez-vous de l'action du bain sur les Olives de la façon suivante : Prenez un fruit et enfoncez l'ongle du pouce dans la chair ; si celle-ci se détache facilement du noyau, les Olives peuvent être enlevées ; dans le cas contraire, laissez-les dans la bouillie ou la lessive jusqu'à ce que vous obteniez ce résultat.

Dressez alors les Olives, lavez-les à plusieurs eaux pour faire disparaître toute odeur de cendres ou de mixture et nettoyez le grand récipient qu'elles viennent de quitter. Remplissez-le d'eau très fraîche, ajoutez-y les Olives et faites-les tremper ainsi pendant huit à neuf jours. Changez d'eau toutes les vingt-quatre heures, elles auront ainsi perdu leur amertume et il ne vous restera plus qu'à les mettre en flacons couverts d'une saumure composée et refroidie.

(168)

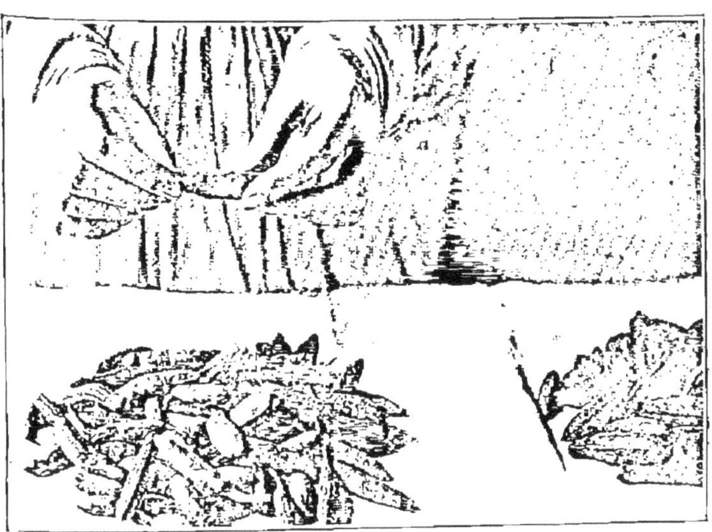

FIG. 66. — ENLEVEZ LE PÉDONCULE.

Tenez le Cornichon entre les deux premiers doigts des deux mains; dans la ligne naturelle que forme l'attache du pédoncule, introduisez l'ongle du pouce de ce côté, et, d'un mouvement sec du poignet, sectionnez nettement.

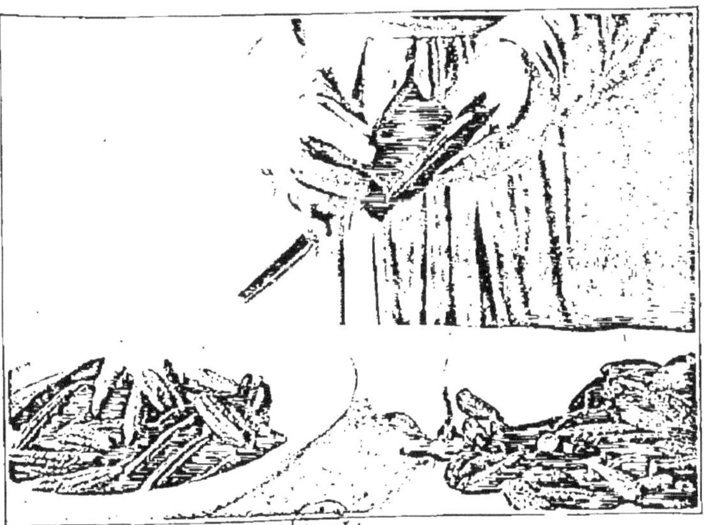

FIG. 67. — BROSSEZ LES CORNICHONS.

Tenez le Cornichon sans l'endommager et brossez-le en le faisant tourner avec précaution entre les doigts, pour enlever complètement le duvet, fin et blanchâtre, dont il est recouvert.

FIG. 68. — METTEZ LES CORNICHONS DANS LE SEL.

*Placez alternativement dans une grande terrine une couche de sel gris et de
Cornichons et laissez ceux-ci dégorger pendant 24 heures.*

FIG. 69. — LAVEZ LES CORNICHONS.

*Pour débarrasser les Cornichons de l'écume grisâtre dont ils se sont recouverts
en rendant leur eau, plongez-les rapidement dans l'eau vinaigrée.*

LES OLIVES VERTES ET LES OLIVES NOIRES

III. — PRÉPARATION DE LA SAUMURE.

Comptez qu'il faut environ 8 décilitres à 1 litre de saumure pour immerger 1 kilogramme d'Olives. Préparez cette saumure à raison de 5 à 10 grammes de sel fin par litre d'eau que vous aromatisez de quatre à cinq branches de Fenouil, autant de feuilles de Laurier, une écorce d'Orange. Faites bouillir pendant un quart d'heure, laissez refroidir cette saumure aromatisée avant de la verser sur les Olives, et passez-la pour retenir les aromates que vous jetez. Ces dernières manutentions effectuées, mettez les Olives en flacons de petite dimension et d'ouverture réduite autant que possible, bouchez et cachetez comme nous l'avons indiqué au Chap. xvi, § 8.

Trois ou quatre jours après, vous pourrez consommer les Olives, elles seront parfaites.

Préparez les Olives noires lorsque ces fruits ont pris cette teinte, à l'approche de leur maturité complète en Octobre ; elles ont alors perdu une partie de leur âcreté et la lessive nécessaire aux Olives vertes peut être supprimée. Éliminez seulement le reste d'amertume dont elles sont empreintes en leur donnant un bain journalier d'eau pure pendant une dizaine de jours.

IV. — OLIVES NOIRES EN SAUMURE.

Choisissez les Olives noires pas trop mûres, et piquez chacune d'elles jusqu'au noyau avec une longue aiguille en acier une dizaine de fois, pour que le bain journalier ait une action directe sur leur saveur amère.

Comme cette opération répétée seulement sur une petite quantité d'Olives est longue, confectionnez un petit instrument qui réduit sensiblement le temps de cette manutention.

Coupez en deux un bouchon de liège et introduisez sur le pourtour de sa circonférence cinq ou six épingles longues en les plantant à travers le bouchon, il devient alors un outil merveilleusement rapide. Donnez alors à chaque Olive deux coups de ce « perçoir » improvisé et elles se trouvent suffisamment piquées. Faites pénétrer les pointes jusqu'au noyau sur chacune des faces.

Au fur et à mesure que s'accomplit cette demi-perforation, mettez les Olives dans un récipient en grès ou en faïence, une terrine, un plat ou autre ; recouvrez largement d'eau fraîche pour que les Olives soient complètement submergées, et laissez-les ainsi dégorger ou « tremper » pendant douze jours environ ; mais rappelez-vous que chaque jour l'eau doit être changée.

Assurez-vous après ce temps que les Olives ont perdu toute leur amertume, et s'il en est ainsi, sortez-les de l'eau ; au cas contraire, attendez quelques jours encore. Préparez alors la saumure que je vous ai indiquée pour les Olives vertes et terminez de la même façon. Ces Olives peuvent être consommées cinq ou six jours après leur macération dans la saumure et leur utilisation n'est pas moins large et précieuse que celle des Olives vertes.

———

CHAPITRE XXVII

LES RADIS NOIRS

LES racines allongées et cylindriques des Radis d'hiver,
à épiderme noir ou grisâtre, à chair légèrement
piquante et ferme, rappelant de très loin les exquis
petits Radis du printemps, plaisent beaucoup. En constituer d'appétissants hors-d'œuvre vous est facile, il suffit
pour cela de les préparer comme les Céleris ou les
Betteraves rouges (Chap. XVIII et XXI). ·

*SUCCESSION DES OPÉRATIONS. — Prenez des racines
moyennes, pelez, essuyez et taillez-les en rondelles ; mettez
dégorger dans du sel comme les Cornichons, égouttez et placez
en flacons. Mouillez avec du bouillon vinaigré, laissez infuser
vingt-quatre heures, faites bouillir, versez le bouillon refroidi
sur les rondelles. Bouchez.*

I. — PRÉFÉREZ LES RADIS MOYENS.

Choisissez les Radis de belle forme allongée, sans
meurtrissure ni atteintes d'aucune sorte, afin que les rondelles soient aussi régulières que possible, et à l'épi-

derme lisse, tendu, au grain fin, ces caractères sont les meilleurs indices. Commencez par enlever, avec le couteau de cuisine, une plaque circulaire au collet de la racine, supprimant du même coup les feuilles vertes. Ne détachez pas celle-ci complètement, renversez-la au contraire sur la racine et continuez la coupe en enlevant une longue bande de peau sur toute la longueur du Radis jusqu'à l'extrémité. Cette peau étant très consistante, donnez une épaisseur de quelques millimètres aux lames, afin de ne pas avoir à rafraîchir, « à parer » la pulpe à nouveau avant de fractionner le Radis en rondelles.

II. — POUR OBTENIR LES RONDELLES :

Dès que les Radis sont pelés et « parés », essuyez-les à sec avec une serviette d'office et commencez le sectionnement des racines. Il est essentiel de couper les rondelles très régulières. Pour y parvenir et aussi pour simplifier le travail, placez le Radis légèrement en biais sur la table de cuisine, immobilisez-le en posant la main gauche bien au milieu et faites les coupes nettes. Ne déplacez jamais la racine, la main seule doit reculer. Lorsque vous arrivez à l'extrémité — à 6 centimètres environ surtout lorsque la racine est moyenne — les rondelles se font plus petites, affectez-les aux hors-d'œuvre du jour.

Faites rendre à ces rondelles leur eau de végétation, en les étendant par couches saupoudrées de sel marin au-dessus, dans un saladier ou tout autre récipient creux. Vingt-quatre heures après, les Radis nagent dans une saumure produite naturellement par la fonte du sel et de l'eau exprimée ; dressez-les alors avec l'écumoire et faites-les égoutter sur une passoire à pieds ou un tamis.

Lorsqu'elles sont essuyées, mettez en flacons en faisant chevaucher les rondelles sur deux piles. Aidez-vous de la batte en bois et laissez un vide de 2 centimètres environ à la partie supérieure du bocal. Mouillez de saumure vinaigrée — saumure mixte (Chap. XVI, § 10) —; terminez comme pour les Betteraves rouges (Chap. XVIII).

CHAPITRE XXVIII

LES TOMATES VERTES

I. Pour 300 grammes d'Oignons employez 1 kilogramme de Tomates. || II. Préparez le bouillon vinaigré a chaud. || III. Versez les légumes dans le vinaigre bouillant. || IV. Petites tomates vertes entières.

Cette préparation peu coûteuse, excellente, rappelle celle des Cornichons confits, elle peut se conserver d'une année sur l'autre sans rien perdre de ses qualités.

Les rondelles d'Oignons en s'entremêlant parmi les Tomates, le jus vinaigré très parfumé et préparé à chaud, rehaussent leur arome spécial et le complètent délicieusement.

SUCCESSION DES OPÉRATIONS. — Prenez des Tomates vertes, enlevez le pédoncule, essuyez-les et coupez leur chair en rondelles. Mettez-les dans un récipient en faïence, épluchez des Oignons, taillez-les en rondelles, faites macérer ensemble par couches parsemées de sel. Préparez une saumure de vinaigre chaud aromatisé, plongez-y les Tomates pendant trois minutes. Versez la préparation refroidie dans un pot en grès ou en verre et bouchez.

I. — POUR 300 GRAMMES D'OIGNONS, EMPLOYEZ
1 KILOGRAMME DE TOMATES.

En août-septembre, et avant que les Tomates rougissent, cueillez quelques-unes des moyennes, rondes et lisses, absolument indemnes de tares les plus minimes. Vous pouvez également utiliser sous cette forme, à l'arrière-saison, celles des Tomates qui, non encore mûres, doivent être cueillies à l'approche des premières gelées. Enlevez le pédoncule après les avoir essuyées et coupez chacune d'elles en rondelles épaisses d'un demi-centimètre environ. Au fur et à mesure du sectionnement, déposez les morceaux dans un saladier ou tout autre récipient en porcelaine.

Épluchez des Oignons dont la grosseur correspond à celle des Tomates, coupez-les en rondelles le plus régulièrement possible.

Étendez une couche de rondelles de Tomates dans un saladier, saupoudrez-la de sel, ajoutez une couche de rondelles d'Oignons et à nouveau du sel.

Continuez ainsi en alternant une couche de Tomates et une couche de rondelles d'Oignons, les unes et les autres saupoudrées de sel. Laissez macérer ainsi pendant douze heures environ sans vous en préoccuper davantage.

II. — PRÉPAREZ LE BOUILLON VINAIGRÉ A CHAUD.

Lorsque les légumes ont macéré suffisamment, occupez-vous du bouillon vinaigré. Mettez dans une casserole émaillée la quantité de vinaigre (environ un demi-litre pour un kilogramme de légumes fractionnés), ajoutez quelques Clous de Girofle, des grains de poivre blanc, une branchette de Laurier pour parfumer la saumure et placez le récipient sur le feu, pas très vif au début.

Pendant que le vinaigre chauffe, renversez Tomates et Oignons sur la passoire à pieds de manière que la saumure soit complètement tarie au moment de les glisser dans le bouillon chaud.

III. — VERSEZ LES LÉGUMES DANS LE VINAIGRE BOUILLANT.

Quand vous remarquez que le mélange entre en ébullition, surveillez-le quelques instants et laissez-le bouillonner deux minutes seulement. Plongez alors ensemble Tomates et Oignons et laissez infuser pendant trois minutes, enlevez du foyer, mais tenez le récipient couvert pour bien concentrer la chaleur.

Laissez refroidir Oignons et Tomates dans le récipient où ils ont infusé, à moins que l'ustensile employé soit en cuivre ; dans ce cas, transvasez les légumes dans une terrine en grès après l'infusion. Lorsque la préparation est complètement froide, préparez de petits flacons en verre pour la recevoir, à défaut de ceux-ci prenez des pots en grès.

Dressez alors les rondelles d'Oignons et de Tomates en mélange, avec l'écumoire ; dispersez-les au mieux, puis, lorsque le plein du ou des bocaux est fait, remplissez-les. Pour cela, faites reposer sur l'encolure du flacon une passoire émaillée qui retiendra les graines de poivre, les Clous de Girofle et le Laurier. Je vous conseille de jeter ces deux derniers assaisonnements qui donneraient un goût trop spécial à la préparation, le poivre seul peut être libéré et remis avec les légumes. Ajoutez quelques fines branchettes d'Estragon pour corser le goût de vinaigre. Recouvrez de vinaigre et bouchez ainsi que nous l'indiquons au Chap. XVI, § 8.

IV. — PETITES TOMATES VERTES ENTIÈRES.

La préparation des petites Tomates vertes entières constitue une variété de condiments fort plaisante à conserver en même temps que les Cornichons.

Si vous cultivez les variétés à forme lisse ou ovoïde, conservez-les de la façon suivante. Choisissez de préférence les Tomates de grosseur régulière, à peine grosses comme des Noix; lavez-les si elles sont terreuses, mais essuyez-les seulement, de préférence. Piquez ensuite chacun des fruits sains avec une longue aiguille pour faciliter la pénétration du sel et préparez-les comme les Cornichons (Chap. xxv).

Ces petites Tomates sont très goûtées et font une garniture savoureuse aux pièces de bœuf et de veau froids, rôtis ou bouillis.

CHAPITRE XXIX

AUTRES LÉGUMES VARIÉS

I. Les Aubergines. || II. Les Choux-fleurs. || III. Les Hari-cots-verts. || IV. Le Maïs. || V. Les Poireaux.

En plus des sortes de légumes dont vous venez de lire successivement le mode de préparation, en voici d'autres qui peuvent constituer également la base de hors-d'œuvre ou de compléments condimentaires dont j'ai réuni les recettes dans un même chapitre.

I. — LES AUBERGINES.

Moins couramment préparées que les Cornichons, les Tomates vertes, et les Betteraves ; les Aubergines peuvent cependant donner les meilleurs résultats conservées au vinaigre. Parmi les nombreuses variétés, l'Aubergine violette longue et l'Aubergine naine hâtive sont les plus estimées.

Pour cela, choisissez des légumes jeunes et tendres et employez la saumure vinaigrée sans aucun condiment. Procédez d'ailleurs comme pour celle des Cornichons, au Chapitre xxv ; sauf qu'au lieu de brosser les Aubergines comme les Cornichons, je vous conseille de les essuyer simplement avec une serviette douce. Enlevez aussi le pédoncule et le calice enboîtant l'extrémité de chaque fruit.

II. — LES CHOUX-FLEURS.

Pour accompagner les rondelles de Betterave rouge, rien ne convient mieux que les fleurons de Chou-Fleur sectionnés en petits bouquets, ayant à peu près la grosseur d'un petit œuf.

Pour la préparation de ces Choux-Fleurs, suivez de point en point jusqu'au blanchiment les conseils donnés dans le Volume II de cet ouvrage, *Les Conserves de Légumes*, et traitez-les ainsi qu'il est indiqué aux Céleris-Raves et Betteraves rouges (Chap. xviii et xxi).

III. — LES HARICOTS VERTS.

Choisissez les gousses de Haricots verts et épluchez-les ainsi qu'il vous est conseillé de le faire dans le Volume II de cet ouvrage, *Les Conserves de Légumes.*

Préparez-les ensuite absolument comme les Choux-Fleurs et les Céleris-Raves, et ajoutez, selon votre goût, de petits Oignons blanchis préalablement. Vous pouvez aussi aromatiser le vinaigre avec de fines pousses d'Estragon, si vous aimez ce goût.

IV. — LE MAIS.

Le Maïs, peu apprécié en France, mais par contre « grand favori » des tables américaines, pourrait rendre des services appréciables et remplacer les Pois en automne.

Les épis tout jeunes, cueillis avant la floraison, constituent un hors-d'œuvre excellent inconnu chez nous ; de même que les jeunes fruits peuvent être confits au vinaigre comme les Cornichons. Vous pourrez donc faire avec le Maïs deux préparations différentes : les épis entiers et les grains détachés.

Les variétés de Maïs les plus appréciées sont celles à grain ridé et sucré, telles le *Maïs hâtif de Minnesota*, le plus précoce, et le *Maïs hâtif de Crosby* mûrissant vers la fin de juillet.

Aussitôt que les épis de Maïs commencent à se développer et qu'ils ont atteint la grosseur d'un doigt, — ce dont vous vous assurez pour quelques-uns en dépouillant l'enveloppe protectrice, — cueillez-les.

Épis de Maïs. — Débarrassez ces épis de leurs enveloppes et de la barbe qui les entoure, puis pelez le pédoncule que vous conservez également. Epluchez, lavez-les rapidement à l'eau fraîche et essuyez-les. Préparez en même temps des Oignons, de l'Ail et joignez ceux-ci aux épis dès qu'ils sont prêts ; mettez le vinaigre sur le feu vif, ajoutez 10 grammes de sel pour 1 litre et aussitôt l'ébullition, jetez « en infusion » les épis et les condiments. Donnez seulement deux ou trois bouillons, enlevez, renversez le tout dans une jatte en grès ou en porcelaine.

Après le complet refroidissement des légumes et du vinaigre, mettez en flacons avec trois ou quatre branchettes d'Estragon, feuilles de Roses, six à sept graines de poivre blanc. Bouchez comme pour les Cornichons ainsi que nous l'indiquons au Chapitre xvi.

Préparation des graines. — Lorsque celles-ci ont acquis leur complet développement, mais sans exagération et qu'elles sont encore laiteuses, cueillez-les. Dépouillez-les de leur enveloppe, mettez dans le sel et traitez-les comme les Cornichons (Chap. xxv).

V. — LES POIREAUX.

La partie blanche du Poireau sectionnée directement à la naissance du feuillage est tout à fait exquise et peut devenir un hors-d'œuvre agréable, si vous savez choisir et préparer les Poireaux blancs et longs très charnus ainsi que nous l'indiquons dans le Volume II de cet ouvrage, *Les Conserves de Légumes*. Préparez-les de la même façon jusqu'au rafraîchissage, mettez en flacons, mouillez de saumure légère, bouchez comme pour les Betteraves rouges, préparation mixte (Chap. xviii, § 6).

CHAPITRE XXX

SUCCÉDANÉS DES CORNICHONS

I. Les Aschards. || II. Les Petits melons. || III. Les Petits oignons. || IV. Les Pickles. || V. Les Variantes. || VI. Les Poivrons ou Piments. || VII. Les Questches et les Prunes.

D'autres légumes et d'autres fruits, par catégories séparées ou en mélange, peuvent être préparés de la même façon que les Cornichons et être servis comme ceux-ci avec des viandes froides notamment. Nous avons réuni dans ce Chapitre général les principaux succédanés de ce condiment populaire.

I. — LES ASCHARDS.

On donne le nom d'Aschards à un mélange de légumes divers confits dans un vinaigre aromatisé. Ils constituent une préparation très forte réputée surtout en Angleterre et en Amérique, où on les consomme autant que les Pickles, bien que les Aschards soient moins forts que ceux-ci. La particularité de cette Conserve consiste dans la préparation préalable du vinaigre, qui doit être très aromatisé avant de recevoir les légumes.

Cette mesure est parfaite, les aromates prenant la plus

grande force au vinaigre et le parfumant délicieusement.

Pour préparer les Aschards, faites infuser dans du vinaigre pendant trois jours une dizaine de tiges d'Estragon pour 2 litres environ, et passez au tamis. Versez le vinaigre dans un pot en grès et ajoutez toujours pour 2 litres, 5 à 6 gousses d'Ail, 20 à 30 petits Oignons pelés, 5 Piments, 20 grammes de sel fin, 4 Clous de Girofle, 12 grains de poivre blanc ; laissez infuser ces aromates pendant trois semaines et bouchez sommairement le bocal.

Épluchez alors, suivant la grandeur du récipient que vous employez pour cette Conserve : une petite tête de Chou-Fleur, le cœur d'un Chou pommé, mais non frisé, un petit botillon de pointes d'Asperges vertes, une poignée de Haricots également verts, 15 à 20 Cerises vertes, 10 petites Carottes entières, 15 à 20 Groseilles à Maquereaux vertes aussi. Blanchissez tous ces légumes quatre minutes environ et retirez-les du feu, rafraîchissez, égouttez, jetez-les ensuite dans le vinaigre aromatisé à l'avance et remuez avec la batte en bois.

Dès que les Maïs sont mûrs, choisissez des épis tendres, épluchez, blanchissez-les comme les autres légumes et mélangez-les à la préparation. Bouchez et gardez ainsi que nous l'indiquons au Chap. xvi, § 8.

Ces légumes ajoutés au bout de trois semaines n'étant pas immédiatement saisis par le vinaigre, sont plus savoureux et moins acides. Laissez-les deux mois entiers baigner dans le vinaigre ; après ce laps de temps les Aschards peuvent être consommés ; mais je vous recommande, si vous tenez à les déguster avec toutes leurs qualités, de renouveler vos provisions chaque année ; aussi, n'en faites pas de trop grandes réserves.

LES CONSERVES A LA MAISON

II. — LES PETITS MELONS.

C'est un condiment peu connu que les Petits Melons au vinaigre, pourtant ils sont fort agréables confits et peuvent remplacer les Cornichons. Aucune culture n'est dirigée dans le but défini d'en produire pour cet usage.

Dans les planches ou châssis de Melons, le jardinier supprime, dès qu'il les aperçoit, les fruits en excès afin de ne laisser sur chaque pied qu'un nombre réglementaire de fruits, permettant à ceux restant d'être plus savoureux et plus gros. Ce sont ces fruits dont on ne fait aucun cas ordinairement, que je vous conseille de préparer au fur et à mesure de leur cueillette absolument comme les Cornichons (Chap. xxv). Ils fournissent des condiments très fins, très appréciés et surtout moins communs que les Cornichons pour la composition de plats de viandes froides variées parmi les tranches desquelles vous les faites disposer.

III. — LES PETITS OIGNONS.

Les Melons, les Poivrons, les Tomates vertes qui remplacent les Cornichons ne sont — une fois conservés — ni meilleurs, ni plus appétissants que les petits Oignons blancs de jardin arrachés en juin-juillet. Dans les semis épais du potager, vous pouvez trouver la quantité qui vous est nécessaire et choisir indifféremment les petits Oignons blancs d'été ou les petits Oignons jaunes ou rouges des variétés de garde.

Préférez ceux ayant la grosseur d'une Cerise ; épluchez-les, blanchissez-les cinq à six minutes à l'eau bouillante légèrement salée, rafraîchissez à l'eau courante, mettez en

FIG. 70, 71, 72. — METTEZ EN FLACONS ET BOUCHEZ.

Placez alternativement une couche de Cornichons et d'Oignons. Le flacon demi-plein, ajoutez : Piments, Poivre, des branchettes d'Estragon, terminez avec Cornichons et Oignons, puis fermez avec un bouchon de liège, enveloppez d'un linge de toile.

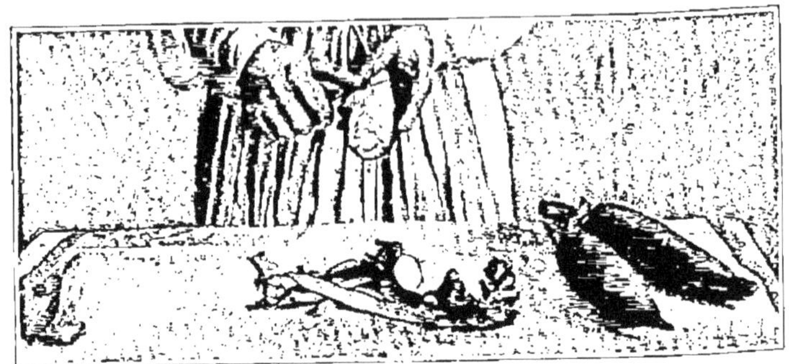

FIG. 73. — ENLEVEZ L'ÉPIDERME DES RADIS.
Sectionnez le collet des Radis et enlevez la peau noire par lanières épaisses et sans hachures.

FIG. 74. — COUPEZ LES RACINES EN RONDELLES RÉGULIÈRES.
Essuyez la racine, posez-la sur la table et sectionnez la chair en rondelles aussi régulièrement que possible.

FIG. 75. — FAITES MACÉRER LES RADIS.
Disposez alternativement les rondelles et le sel par couche dans un plat, et laissez-les ainsi pendant 24 heures.

bocal ou dans un récipient en grès, versez le vinaigre bouillant et laissez ainsi vingt-quatre heures. Si vous voulez rendre ces Oignons exquis, aromatisez le vinaigre en y ajoutant trois à quatre branchettes d'Estragon pour 1 litre de vinaigre.

Après ces vingt-quatre heures, passez le vinaigre, faites bouillir à nouveau, laissez refroidir, renversez sur les Oignons et ajoutez quelques grains de poivre blanc. Bouchez ainsi que nous l'indiquons au Chap. xvi, § 8.

Après trois semaines de macération dans le vinaigre, vous pouvez utiliser ces petits Oignons.

IV. — LES PICKLES.

Cette préparation n'est autre chose qu'une combinaison très forte — la plus forte de toutes — constituée, ainsi que les Aschards, par une grande variété de légumes et de condiments principalement, dont vous pourrez augmenter ou diminuer les quantités suivant vos préférences : dix à quinze petites Carottes tournées, vingt à trente Oignons minuscules, vingt Cornichons, dix à quinze quartiers ou fractions de Céleri-Rave, huit à dix bouquets de Chou-Fleur, une forte poignée de Haricots verts, cinq Piments de Cayenne, huit à dix baies de Genièvre. Ces légumes mélangés, confisent dans un vinaigre aromatisé, rehaussé de farine de moutarde qui leur communique sa saveur piquante et poivrée.

Préparez d'abord le vinaigre aromatisé ainsi que nous l'indiquons aux Aschards (Chap. xxx, § 1) — mêmes proportions. Nettoyez et blanchissez les légumes, mettez en flacons et laissez-les macérer dans le vinaigre pendant une quinzaine de jours environ. Faites alors écouler le vinaigre dans un récipient profond, délayez dedans deux à trois cuillerées de farine de moutarde anglaise très poivrée et battez violemment pour qu'elle s'incorpore au liquide. Lorsque le mélange est intimement fait, versez à nouveau le vinaigre à la moutarde sur les légumes, bouchez et rangez dans un placard, comme s'il s'agissait de simples Cornichons.

V. — LES VARIANTES.

Les Variantes, combinaison moins forte que les Pickles, plus corsée que les Aschards, sont, à l'exemple de ceux-ci, constituées avec une grande variété de légumes, mais d'espèces différentes : Oignons, Carottes, Haricots verts, Flageolets verts, Petits Pois, Céleri, Chou-Fleur, Navets auxquels vous ajoutez l'assaisonnement habituel : Ail, sel, poivre, Estragon, Piments.

Blanchissez ensemble ou séparément les légumes aussitôt le nettoyage, rafraîchissez et mélangez-les. Disposez-les dans un pot en grès, un flacon, et dispersez au mieux en même temps les condiments aromatiques : sel, poivre, Piments, Estragon. Versez dessus le vinaigre bouillant, laissez macérer pendant un mois. Bouchez et mettez dans un endroit obscur. Ce temps écoulé, passez les Variantes ; remplacez le vinaigre par du nouveau également bouillant ; huit jours après renversez le vinaigre, faites bouillir une seconde fois, laissez refroidir et versez à nouveau sur les Variantes. Bouchez ainsi que nous l'indiquons au Chapitre xvi, § 8, vous obtiendrez ainsi une préparation de qualité supérieure.

VI. — LES POIVRONS OU PIMENTS.

Les Poivrons ne sont autres que des Piments verts ; la cuisine méridionale les tient en grand honneur et les emploie pour l'assaisonnement des sauces fortes, mais ils peuvent aussi remplacer les Cornichons et accompagner toutes espèces de viandes froides.

Leur apprêt diffère par quelques détails des recettes déjà décrites :

1º Les Poivrons ne doivent pas macérer dans le sel, mais sécher seuls sans aucun secours ;

2º Le vinaigre ne doit pas bouillir ;

3º Après quinze jours de macération dans le vinaigre, il est indispensable de remplacer celui-ci entièrement, les Poivrons l'ayant complètement dénaturé en rendant l'eau de végétation.

Préparez-les ainsi : cueillez les Piments encore verts et de grosseur égale autant que possible. Mettez-les sécher à l'ombre sur une claie ou sur des linges propres pendant cinq à six heures, essuyez-les, coupez le pédoncule juste à la naissance de la gousse charnue et placez-les dans un bocal en verre. Ceux-ci disposés sans vides trop grands, immergez-les complètement de vinaigre de bonne qualité. Couvrez et rangez dans un placard sain. Jetez ce vinaigre dénaturé par l'eau de végétation quinze jours après, ajoutez au second bain de vinaigre nouveau quelques gousses d'Ail, quatre branches d'Estragon qui le parfumeront agréablement. Bouchez ensuite comme nous l'indiquons au Chapitre xvi, § 8.

Connaissant la particularité des Poivrons rendant l'eau de végétation, prenez soin de ne pas remplir le flacon jusqu'aux bords lorsque vous immergez les Piments dans la crainte que celui-ci déborde. Il importe surtout que les Poivrons en soient recouverts complètement ; laissez donc entre le niveau du vinaigre et les bords supérieurs du flacon un vide de 4 à 5 centimètres. Cette manière de préparer les Poivrons est excellente.

VII. — LES QUETSCHES ET LES PRUNES.

La plupart des variétés de Prunes mûrissant au verger peuvent être préparées au vinaigre ; mais les Quetsches, Prunes sans parfum très prononcé, sont celles qu'on utilise le plus souvent ; elles deviennent alors un hors-d'œuvre d'un goût spécial, ou simplement un condiment.

Cueillez les Quetsches presque mûres, fermes, mais avec le pédoncule adhérent encore à la chair qu'il faut vous attacher à conserver intacte. Ne lavez pas les Prunes, essuyez seulement chacune d'elles et piquez-les cinq ou six fois jusqu'au noyau avec une aiguille très fine endommageant peu l'épiderme. Déposez-les dans un récipient assez profond, jatte en faïence ou en grès. Préparez un bouillon vinaigré spécial composé de la façon suivante : pour deux kilogrammes de Quetsches, mettez chauffer environ un litre de vinaigre, ajoutez quatre branchettes d'Estragon, deux Clous de Girofle, dix grammes de sel, douze grains de poivre. Faites bouillir quatre minutes sur feu vif et versez sans tarder sur le futur condiment, bouillon dans lequel elles doivent macérer quelques jours avant d'être mises définitivement en bocal.

Lorsque la préparation est complètement refroidie, couvrez sommairement et mettez à l'abri des poussières. Huit à dix jours après versez le vinaigre, mettez-le à chauffer et faites bouillir quelques minutes pour le renforcer.

Pendant que le vinaigre refroidit, mettez les Quetsches en flacons, mouillez de vinaigre, bouchez définitivement au liège et cachetez à la cire ainsi que nous l'indiquons au Chapitre XVI, § 8.

CHAPITRE XXXI

LES HERBES D'ASSAISONNEMENT

I. Préférez les flacons de verre. || II. Choisissez des pousses tendres. || III. Ebouillantez l'Estragon. || IV. Le Cerfeuil. || V. Le Persil.

Vous connaissez toute la valeur des condiments et des aromates : Cerfeuil, Estragon, Persil, pour relever une sauce, la corser, lui communiquer le parfum spécial à chacun d'eux ; de même que vous savez aussi combien leur verdure est appréciée pour la garniture des plats froids : hors-d'œuvre, entrées le plus souvent. Voyons d'abord comment conserver l'Estragon qui, entre ces herbes, est le plus précieux.

SUCCESSION DES OPÉRATIONS. — Prenez des pousses jeunes d'Estragon, débarrassez-les des feuilles jaunies ou piquées, raccourcissez la tige avec des ciseaux, lavez chacune d'elles minutieusement, blanchissez-les à l'eau bouillante quatre minutes, égouttez; mettez aussitôt en flacons de verre, mouillez d'eau chaude bouillie, bouchez avec des bouchons de liège ébouillantés, cachetez les flacons à la cire et rangez-les dans un placard sain et obscur.

I. — PRÉFÉREZ LES FLACONS DE VERRE.

Parmi les trois préparations suivantes : Persil, Estragon,

LES CONSERVES A LA MAISON

Cerfeuil, la plus intéressante au point de vue de la réussite et de son emploi plus large dans la petite ou la grande cuisine, est certainement la Conserve d'Estragon. Celui-ci, bien que d'apparence délicate, surtout quant à son parfum qui passe dans le vinaigre et ne subsiste pas après la dessiccation, se garde d'une façon parfaite par un simple pochage de quatre minutes sans rien perdre de son arome ; il a en outre le grand avantage de pouvoir servir à la garniture des plats, sa couleur est seulement un peu altérée.

Le matériel qu'exige cette Conserve n'est pas coûteux; et les bocaux spéciaux sont inutiles. Prenez les récipients parmi les fioles et les petites bouteilles ; celles ayant contenu des échantillons de vin sont parfaites pour cet usage. Plus elles sont petites — 10 centimètres de hauteur minima — mieux cela vaut ; vous pouvez ainsi employer en une fois tout le contenu du flacon.

Pour le bouchage de celles-ci, donnez la préférence aux bouchons de liège longs et de bonne qualité. Rappelez-vous que plus le liège est fin, uni et sans crevasses, moins il est prédisposé à la moisissure produite par les insectes habitant ses canaux. Ajoutez à ces ustensiles un bouche-bouteilles, une tapette à main, si vous craignez de ne pouvoir parvenir à boucher les bouteilles ; mais ceux-ci ne sont pas indispensables, et je vous indiquerai plus loin le moyen d'y suppléer. Quelques barres de cire à cacheter pour le goulot des bouteilles, afin que le produit intérieur n'ait aucune communication avec l'air extérieur.

Voici comment vous débuterez : lavez d'abord soigneusement les bouteilles à l'eau douce pour les bien débarrasser des odeurs qui pourraient y demeurer persistantes. Lorsqu'elles sont nettes et propres, renversez-les le goulot en bas, afin que la poussière ou autres corps étrangers ne pénètrent plus à l'intérieur.

LES HERBES D'ASSAISONNEMENT

Avant de préparer les herbes, mettez à chauffer un récipient rempli d'eau très propre dont vous emploierez le liquide aussitôt qu'il sera bouillant.

II. — CHOISISSEZ DES POUSSES TENDRES.

Cueillez par un temps sec des branches d'Estragon vertes, jeunes et tendres ; l'humidité et les pluies abondantes semblent influencer à la fois leur parfum et la réussite. Si vous avez coupé quelques tiges coriaces et ligneuses, qui se reconnaissent facilement par leur dureté et par la teinte vert intense du feuillage alors que les jeunes sont souples et d'un vert clair brillant, ne les utilisez pas, car le parfum a disparu ou tout au moins s'est fortement atténué. Pendant que l'eau chauffe, enlevez les feuilles passées, jaunâtres ou encore celles piquées de maladies et d'insectes, et proportionnez la hauteur des pousses à celle des récipients, en sectionnant la base jusqu'au point où vous sentez une résistance. La branchette doit rester flexible et pouvoir se courber sans se casser. Au fur et à mesure de l'enlèvement des feuilles, plongez-les dans l'eau froide d'abord pour bien les nettoyer ; ensuite, secouez-les et mettez-les égoutter dans une passoire à pieds.

Après ces menues préparations, l'eau est arrivée à ébullition ; faites trois parts de la quantité disponible et répartissez-la dans trois récipients. Avec l'une vous blanchirez l'Estragon, avec la seconde vous ébouillanterez les bouchons pour éviter les atteintes toujours possibles des petits animalcules invisibles habitant le liège, et la troisième servira au remplissage des flacons.

Cette opération qui peut vous paraître sans importance, est au contraire indispensable, puisque c'est d'elle que dépend la bonne conservation du produit. Laissez donc infuser les bouchons pendant quinze à vingt minutes dans l'eau bouillante, et forcez-les par des pesées réitérées avec l'écumoire à se tenir sous l'eau. Veillez à ce que le liquide soit toujours près du point d'ébullition pendant les dix premières minutes, de façon à aseptiser le liège le mieux possible. Approchez le récipient du foyer si vous constatez que son degré est très bas.

III. — ÉBOUILLANTEZ L'ESTRAGON.

Pendant que les bouchons s'amollissent, blanchissez les petites branchettes d'Estragon en les jetant dans l'eau préparée et tenue bouillante, et maintenez-les ainsi quatre minutes environ. Dressez-les à nouveau avec l'écumoire, égouttez-les rapidement en les sautant et en les plaçant verticalement dans une passoire à pieds ou sur un tamis et, lorsqu'elles peuvent être saisies, commencez la mise en flacons sans rafraîchissage.

Rien n'est plus facile ; comptez environ cinq à huit branchettes par flacon, introduisez-les successivement une à une, tiges en bas, absolument comme elles se présentent sur la plante. Faites aussitôt le plein de la bouteille avec de l'eau bouillie très chaude et bouchez-le plus rapidement possible ainsi que nous l'indiquons Chap. XVI, § 8.

Aucune cuisson n'est nécessaire, mettez seulement votre provision dans un placard sain et obscur, aussitôt son refroidissement complet ; vous la trouverez dans les mauvais jours et pourrez confectionner avec elle le délicieux « Poulet à l'Estragon », l'exquise sauce Beauharnais, et quantité d'autres plats succulents.

FIG. 76. — SECTIONNEZ LES BRANCHES D'ESTRAGON.
*Munie de bons ciseaux, raccourcissez les branches jusqu'au point où vous sentez
une légère dureté, et coupez-les un peu plus petites que les flacons.*

FIG. 77. — ÉGOUTTEZ L'ESTRAGON.
*Jetez les branches d'Estragon dans une jatte, une à une, et lavez-les à plusieurs
eaux si c'est nécessaire. Lors du dernier bain, secouez-les et déposez-les en bou-
quet vertical dans une passoire à pieds.*

FIG. 78. — METTEZ EN FLACONS APRÈS LE BLANCHIMENT.

Après le blanchiment, mettez l'Estragon dans des petits flacons d'échantillons et disposez les branches de la même façon qu'elles se présentent sur la plante.

FIG. 79. — CACHETEZ LES BOUTEILLES.

Faites fondre la cire dans une casserole et, dès qu'elle est très chaude, introduisez le goulot de la bouteille en tournant pour qu'elle en recouvre la partie supérieure et le col, ou bien employez la cire en bâton.

V. — LE CERFEUIL.

Conservez le cerfeuil de la même manière que l'Estragon. Mais il est moins recommandable en ce sens qu'il
ne garde pas aussi franchement son goût ; il est aussi d'un
emploi moins recherché en cuisine, néanmoins vous
pourrez en garder quelques flacons dont vous trouverez
facilement l'emploi en hiver.

VI. — LE PERSIL.

Bien que le Persil ne disparaisse pas tout à fait du jardin
l'hiver, sa production se ralentit et vous éprouvez parfois
quelques difficultés à vous en procurer.

Il est un moyen d'en avoir même en décembre-janvier
et je vais vous indiquer la marche à suivre, pour le conserver jusqu'à l'époque normale où vous le trouverez en
abondance sur les marchés ou dans le jardin.

J'ajouterai qu'il n'est pas nécessaire de faire de grosses
provisions de Persil, quelques petits flacons suffisent
pour parer à la pénurie des mauvais jours.

Deux moyens sont à votre disposition : 1° la préparation
à l'eau ainsi qu'elle vous est décrite ci-dessus pour l'Estragon ;

2° La préparation en poudre.

Voici la seconde recette, procédé peu connu dont on
dit merveille. Avant tout, récoltez le Persil par un temps
sec ; choississez-le bien vert et double.

Lavez-le très minutieusement pour le débarrasser de la
terre dont ses feuilles peuvent être souillées, égouttez-le,
puis déposez les feuilles sur un papier blanc au bord du
four et laissez-les se dessécher jusqu'à ce qu'elles soient

très sèches et s'effritent au point d'être réduites en poudre sous la pression des doigts. Vérifiez donc leur état plusieurs fois, et au fur et à mesure que la poudre est obtenue, mettez-la dans de petits flacons ; bouchez hermétiquement et cachetez à la cire. On assure que cette poudre remplace avantageusement le Persil frais dans les sauces et les ragoûts.

TABLE ALPHABÉTIQUE

A

Aschards (Les), 182.
Aubergines (Les), 178.

B

Betteraves rouges (Préparation au vinaigre), 124.
Betteraves rouges (Préparation mixte), 129.
Bigarreaux (Les) (Voir Cerises), 145.

C

Capres (Les), 131.
Capucines (Les boutons de), 138.
Capucines (Les graines de), 135.
Céleris-Raves (Préparation au vinaigre), 140.
Céleris-Raves (Préparation demi-cuite), 144.
Cèpes au naturel (Les), 68.
Cèpes à l'huile et à la provençale (Les), 69.
Cèpes à la crème (Les), 70.
Cèpes (Dessiccation des), 71.
Cerfeuil (Le), 193.
Cerises (Les Bigarreaux et les), 145.
Champignons (procédé industriel), 93.
Champignons (procédé ménager), 93.
Champignons au beurre (Les), 99.
Chanterelles (Les), 73.
Craterelles (Les), 75.
Choux-fleurs (Les), 179.
Choux rouges (Les) 149.
Concombres (Les), 152.
Cornichons (Méthode à froid de préparation des), 155.
Cornichons (Une excellente recette nouvelle de), 163.

E

Estragon (L'), 189.

H

Haricots verts (Les), 179.

M

Maïs (Les épis de), 180
Maïs (Les graines de), 180.
Melons (Les petits), 184.
Morilles (Les), 77.

O

Oignons (Les petits), 184.
Olives vertes (Les), 166.
Olives noires (Les), 169.

TABLE ALPHABÉTIQUE

P

Persil (Le), 193.
Pickles (Les), 181.
Piments (Les Poivrons et les), 186.
Poireaux (Les), 181.
Prunes (Voir les Quetsches et les), 188.

Q

Quetsches (et les Prunes, Les), 188.

R

Radis noirs (Les), 171.

T

Tomates vertes (Les), 174.
Tomates vertes entieres (Les petites), 177.
Truffes rôties au four (Les), 87.
Truffes dans le saindoux (Les), 89.

V

Variantes (Les), 186.

TABLE MÉTHODIQUE DES MATIÈRES

INTRODUCTION   V

PREMIÈRE PARTIE

CE QU'IL FAUT CONNAITRE POUR RÉUSSIR

CHAPITRE I. — *PRÉPAREZ LES CONSERVES A LA MAISON*.   I

I. Réussite à la portée de tous, 2. — II. Pourquoi confectionner des Conserves, 3. — III. Avantages des Conserves, 5. — IV. Développement que les Conserves sont appelées à prendre, 5. — V. Les Conserves que vous pouvez faire, 6. — VI. La méthode Appert seule rationnelle, 7. — VII. Comment assurer la stérilisation, 8.

CHAPITRE II. — *BOUTEILLES, FLACONS EN VERRE ET BOITES METALLIQUES*   10

I. Bouteilles en verre fermées avec le liège, 10. — II. Les inconvénients des bouteilles, 11. — III. Boîtes métalliques, 12. — IV. Les inconvénients des boîtes, 13. — V. Des bouteilles et flacons lesquels choisir? 13. — VI. Essayez un système avant de l'adopter, 14.

CHAPITRE III. — *FLACONS A BOUCHAGE HERMÉTIQUE*   16

I. Flacons et boîtes du bouchage « Eclair », 16. — II. Flacons et bouchage « Eureka », 18.

(197)

13.

TABLE MÉTHODIQUE DES MATIÈRES

CHAPITRE IV. — *FLACONS A BOUCHAGE PNEUMA-TIQUE* 20

I. Bocaux à fermetures perfectionnées, 21. — II. Particularités du bouchage pneumatique, 22.

CHAPITRE V. — *BOUILLEURS ET AUTOCLAVES.* 24

I. Chaudière, lessiveuse, bassine, sont des bouilleurs imparfaits, 24. — II. Préférez les bouilleurs spéciaux, 25. — III. Marmite et autoclaves du bouchage pneumatique, 26. — IV. Matériel supplémentaire, 29.

CHAPITRE VI. — *CHOIX, CUEILLETTE ET PRÉPARA-TION DES LEGUMES* 30

I. Des légumes sains sont indispensables, 31. — II. Faites plusieurs choix, la préparation est plus homogène, 32. — III. Nettoyez et blanchissez les légumes, 32. — IV. Le rafraîchissage ou verdissage, 34. — V. Préparation de la saumure. 34. — VI. Préparation des bains acidulés, 35. — VII. Le bouillon clarifié, 36.

CHAPITRE VII. — *MISE EN FLACONS ET BOUCHAGE* . . 38

I. Révisez minutieusement les récipients, 38. — II. Comment boucher les flacons et boîtes Eclair, 39. — III. Comment boucher les flacons Eureka, 42. — IV. Fermeture des flacons à bouchage pneumatique, 42.

CHAPITRE VIII. — *CONDUITE DE LA CUISSON* 44

I. Stérilisation des flacons bouchés au liège, 44. — II. Stérilisation des bocaux à fermeture hermétique Eclair, 45. — III. Vérification de la fermeture Eclair, 47. — IV. Fermeture automatique du bocal Eureka, 48. — V. Désoxygénation des produits avec le système pneumatique, 49. — VI. Vérification du bouchage pneumatique, 52.

CHAPITRE IX. — *CE QU'IL EST UTILE DE CONNAITRE* . . 53

I. Les Conserves de chaque mois, 53. — II. Recommandations générales à observer, 54. — III. Causes principales de non réussite, 56. — IV. Entretien du matériel inutilisé, 57.

CHAPITRE X. — *RANGEMENT DES BOCAUX ET EMPLOI DES CONSERVES.* 59

I. Où loger les bocaux de Conserve, 59. — II. Comment.ouvrir les différents flacons, 60. — III. Avant d'accommoder les légumes, 62. — IV. Pour préparer les Asperges conservées, 62.

DEUXIÈME PARTIE

LES CHAMPIGNONS

CHAPITRE XI. — *LES CÈPES, BASE DE PLATS MÉRIDIONAUX* 65

I. Les meilleurs Cèpes à conserver, 66. — II. Différentes manières de préparer les Cèpes, 67. — III. Cèpes au naturel, 68. — IV. Préparez l'eau du blanchiment, 68. V. Cèpes à l'huile et à la provençale, 69. — VI. Dessiccation des Cèpes, 71.

CHAPITRE XII. — *LES CHANTERELLES ET LES CRATERELLES.* 73

I. Préparez les Chanterelles comme les Cèpes, 73. — II. Récoltez les Craterelles de Juillet à Septembre, 75. — III. Succédané de la Truffe à réduire en poudre, 76.

CHAPITRE XIII. — *LES MORILLES, CHAMPIGNONS DES GOURMETS* 77

I. Production et cueillette des Morilles, 78. — II. Formes et couleurs des Morilles, 79. — III. Laissez entières les petites Morilles, 80. — IV. Sectionnez les grosses Morilles, 81.

CHAPITRE XIV. — *LES TRUFFES, DIAMANT DE LA CUISINE* 83

I. Deux façons de conserver les Truffes, 84. — II. Choisissez de beaux tubercules, 85. — III. Aucun molécule de terre ne doit subsister, 86. — IV. Préparez les Truffes à la cuisson, 87. — V. Truffes dans le saindoux, 89. — VI. Apprêt des Truffes, 90.

CHAPITRE XV. — *LES CHAMPIGNONS CULTIVÉS* 92

I. Deux manières de préparer les Conserves de Champignons, 94. — II. Conditions préliminaires de réussite, 95. — III. Epluchez simplement ou parez le Champignon, 96. — IV. Blanchiment industriel et ménager, 97. — V. Les Champignons s'altèrent dans l'eau, 98. — VI. Champignons au beurre, 99.

TABLE MÉTHODIQUE DES MATIÈRES

TROISIÈME PARTIE
HORS-D'ŒUVRE ET CONDIMENTS

CHAPITRE XVI. — *PRÉPARATIONS AU VINAIGRE ET AU SEL.* 101

I. Action antiseptique du vinaigre et du sel, 102. — II. Ce qu'est une préparation au vinaigre, 103. — III. Produits à conserver, 104. — IV. Préparations que vous pouvez réaliser, 105. — V. N'employez que des légumes sains, 107. — VI. Comment préparer les légumes à la conservation, 108. — VII. Récipients pouvant être utilisés, 110. — VIII. Comment boucher les flacons, 110. — IX. Quelques conseils pour réussir, 113. — X. Saumures simples au vinaigre et aromatisées, 114.

CHAPITRE XVII. — *PRÉPAREZ LE VINAIGRE VOUS-MÊME.* 117

I. Comment faire du bon vinaigre, 118. — II. Utilisation du vinaigre, 119. — III. Comment arrêter la fabrication, 120. — IV. Congélation et ébullition renforcent le vinaigre, 122. — V. Vinaigre de fleurs, 122.

CHAPITRE XVIII. — *LES BETTERAVES ROUGES* 124

I. Prenez des racines moyennes et bien colorées. 125. — II. Trois façons de cuire les Betteraves, 125. — III. Pelez les racines sans couteau, 127. — IV. Coupez les racines en tranches, 128. — V. Préparation au vinaigre, 128. — VI. Préparation mixte, 129.

CHAPITRE XIX. — *LES CAPRES.* 131

I. Deux façons de conserver les Capres, 131. — II. Comment préparer de bonnes Capres au vinaigre, 132. — III. Faites sécher les Capres à l'ombre, 133.

CHAPITRE XX. — *LES BOUTONS ET LES GRAINES DE CAPUCINES.* 135

I. Comment choisir les graines, 136. — II. Toilette et préparation des graines, 136. — III. Boutons de Capucines, 138.

CHAPITRE XXI. — *LES CÉLERIS-RAVES* 140

I. Préférez les tubercules de belle forme, 141. — II. Comment obtenir des rondelles régulières. 141. — III.

Faites de minces bâtonnets dans les rondelles, 142. — IV. Versez le vinaigre bouillant sur les Céleris, 143. —V. Préparation demi-cuite, 144.

Chapitre XXII. — *LES CERISES ET LES BIGARREAUX.* 145

I. Vérifiez minutieusement les Cerises, 146. — II. Faites bouillir deux fois le vinaigre, 147.

Chapitre XXIII. — *LES CHOUX ROUGES.* 149

I. Choisir et préparer les Choux, 149. — II. Mettez les Choux rouges dans un vinaigrier, 150.

Chapitre XXIV. — *LES CONCOMBRES.* 152

I. Conservez l'espèce cultivée au potager si elle est exquise, 152. — II. Comment enlever l'épiderme des Concombres, 153. — III. Faites macérer les rondelles pendant douze heures, 153.

Chapitre XXV. — *LES CORNICHONS AU VINAIGRE* . . 155

I. Prenez les Cornichons des premières cueillettes, 156. — II. Préférez les petits Cornichons, 157. — III. Enlevez le pédoncule et les pétales fanés, 158. — IV. Brossez chacun d'eux énergiquement, 158. — V. Faites dégorger les Cornichons dans le sel, 159. — VI. Lavez les Cornichons à l'eau vinaigrée, 160. — VII. Condiments ajoutés : Oignons, Piments, Estragon, 161. — VIII. Pour remplir le bocal en plusieurs fois, 162. —IX. Une excellente recette nouvelle, 163.

Chapitre XXVI. — *LES OLIVES VERTES ET LES OLIVES NOIRES.* 166

I. Deux façons de conserver les Olives, 166. —II. Comment faire dégorger les Olives, 167. — III. Préparation de la saumure, 169. — IV. Olives noires en saumure, 169.

Chapitre XXVII. — *LES RADIS NOIRS.* 171

I. Préférez les Radis moyens, 171. — II. Pour obtenir les rondelles, 172.

Chapitre XXVIII. — *LES TOMATES VERTES* 174

I. Pour 300 grammes d'Oignons employez 1 kilogramme de Tomates, 174. — II. Préparez le bouillon vinaigré à chaud, 175. — III. Versez les légumes dans le vinaigre bouillant, 176. — IV. Petites Tomates vertes entières, 177.

Chapitre XXIX. — *AUTRES LÉGUMES VARIÉS.* 178

I. Les Aubergines, 178. — II. Les Choux-Fleurs, 179. —

TABLE MÉTHODIQUE DES MATIÈRES

III. Les Haricots verts, 179. — IV. Le Maïs, 179. — V. Les Poireaux, 181.

CHAPITRE XXX. — *SUCCÉDANÉS DES CORNICHONS*. . . 182

I. Les Aschards, 182. — II. Les petits Melons, 184. — III. Les petits Oignons, 184. — IV. Les Pickles. 185. — V. Les Variantes, 186. — VI. Les Poivrons ou Piments, 186. — VII. Les Questches et les Prunes, 188.

CHAPITRE XXXI. — *LES HERBES D'ASSAISONNEMENT* . 189

I. Préférez les flacons de verre, 189. — II. Choisissez des pousses tendres, 191. — III. Ebouillantez l'Estragon, 192. — IV. Le Cerfeuil, 193. — V. Le Persil, 193.